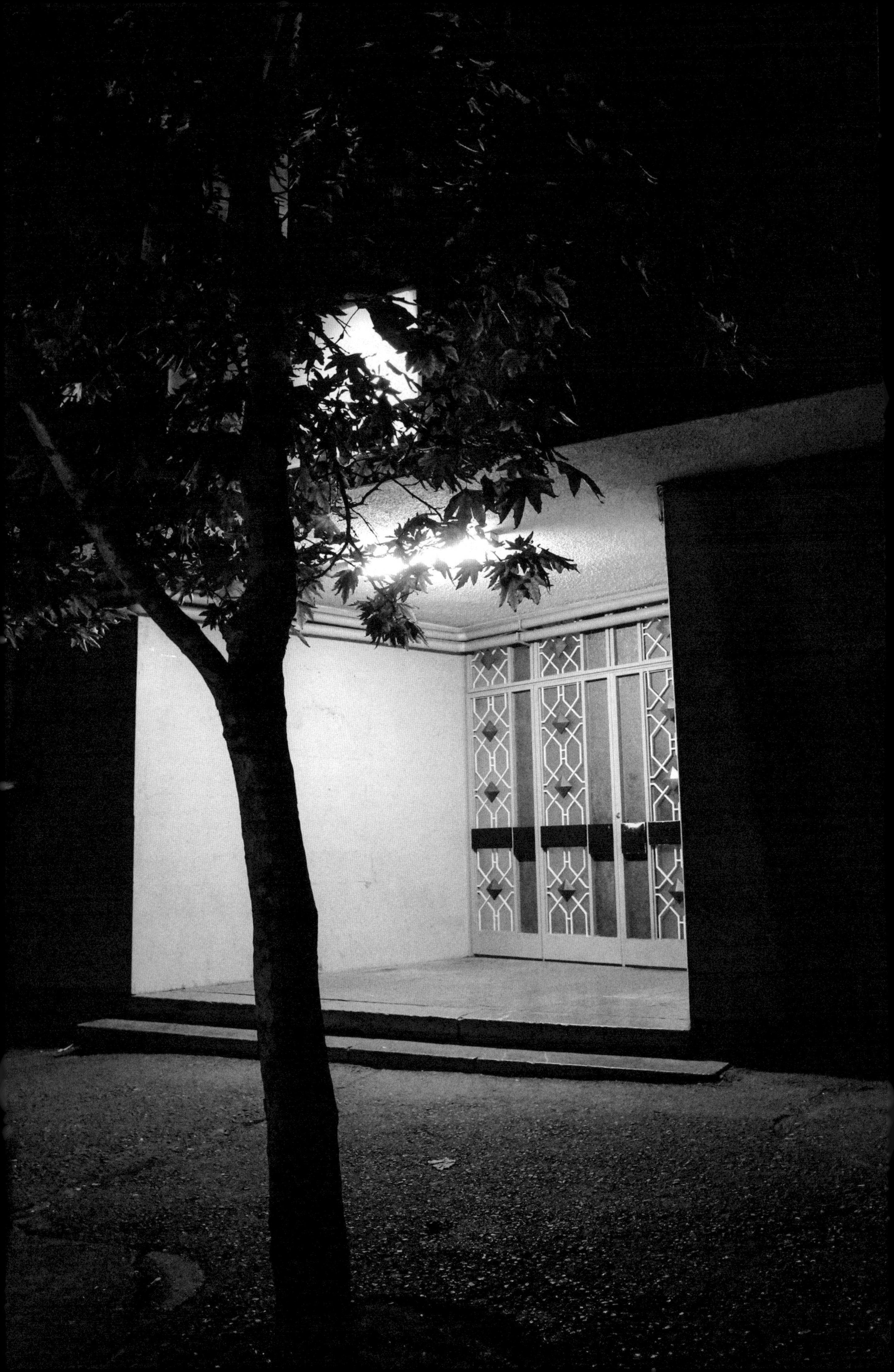

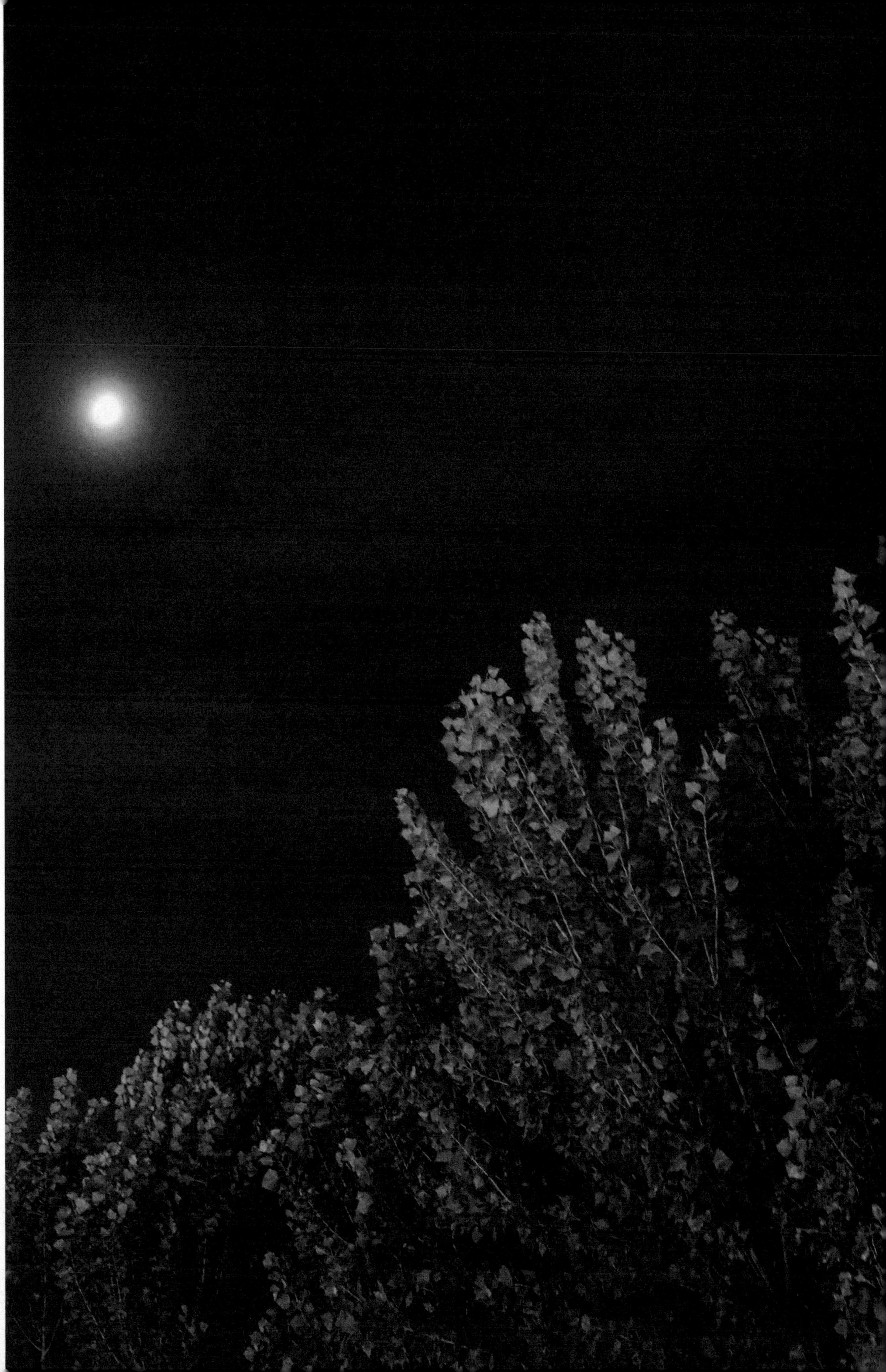

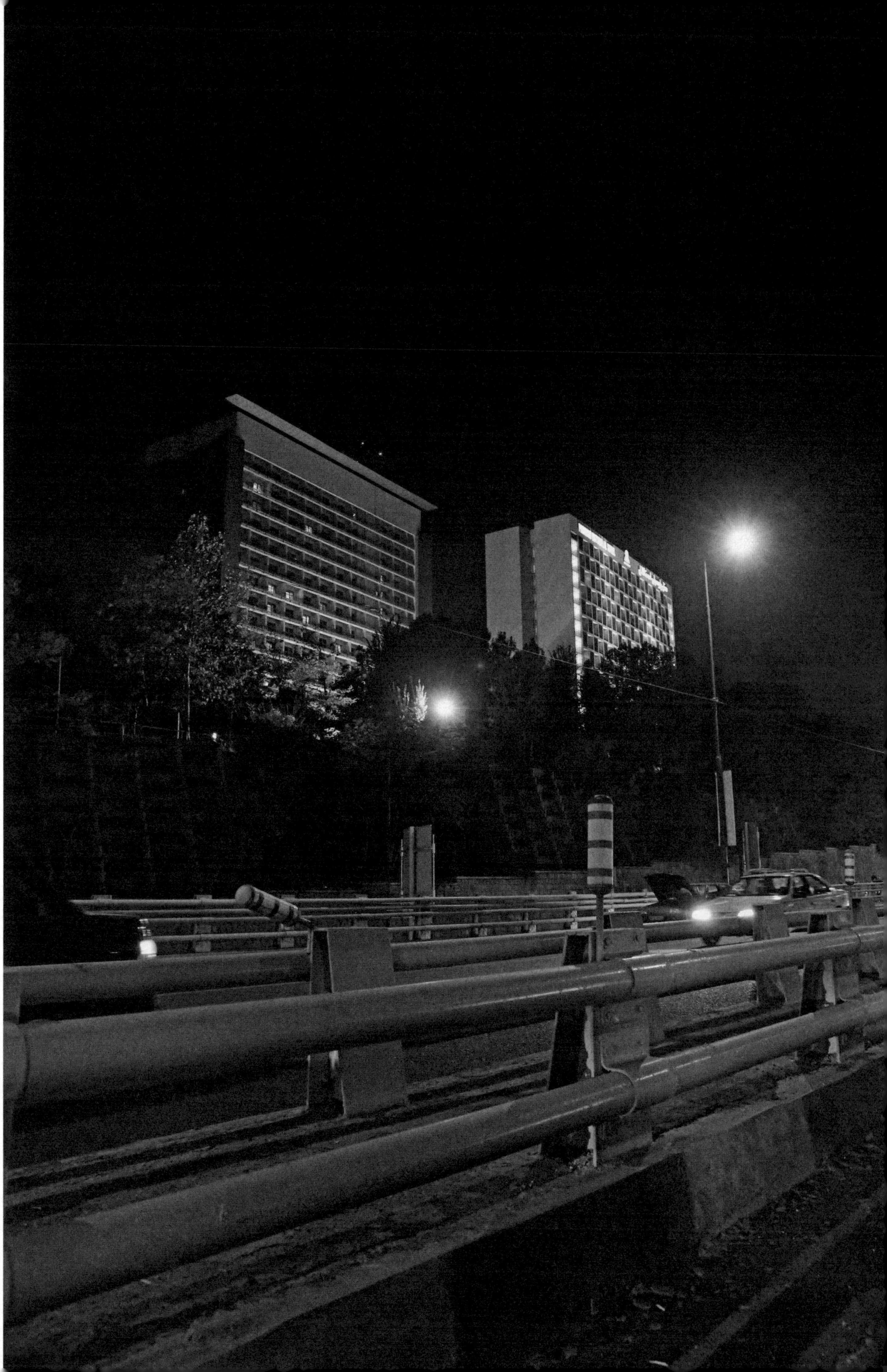

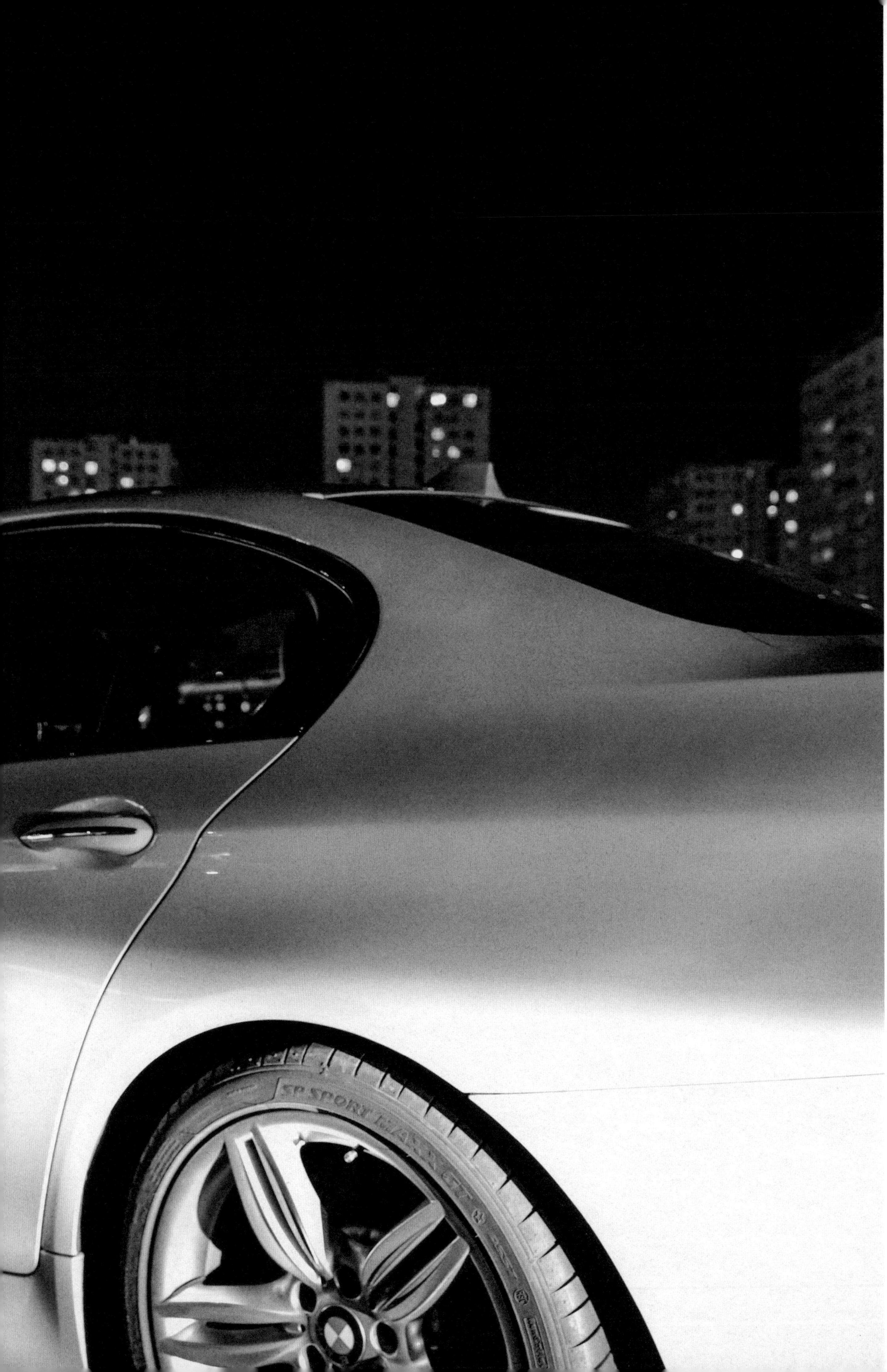
SP SPORT MAXX GT

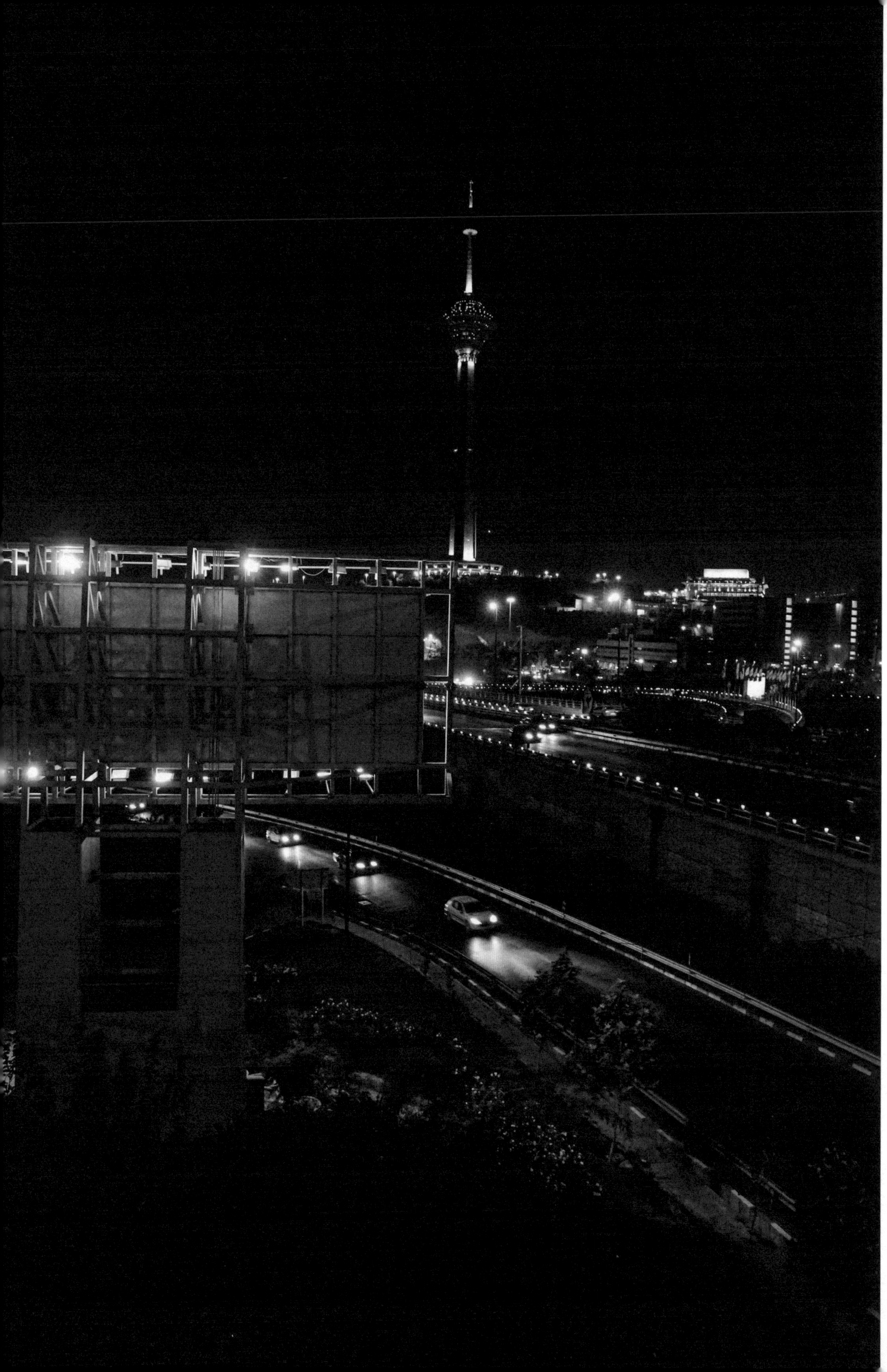

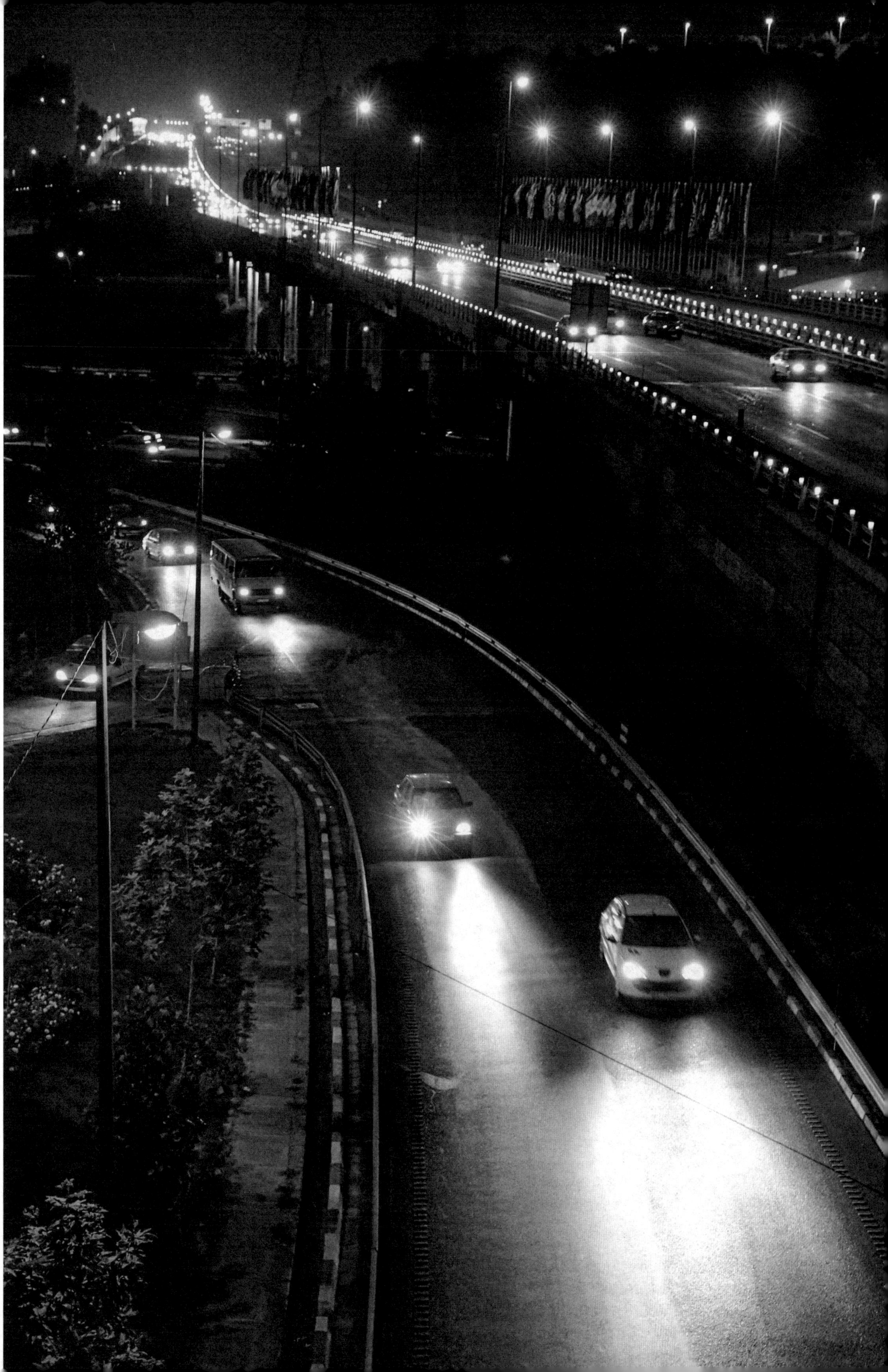

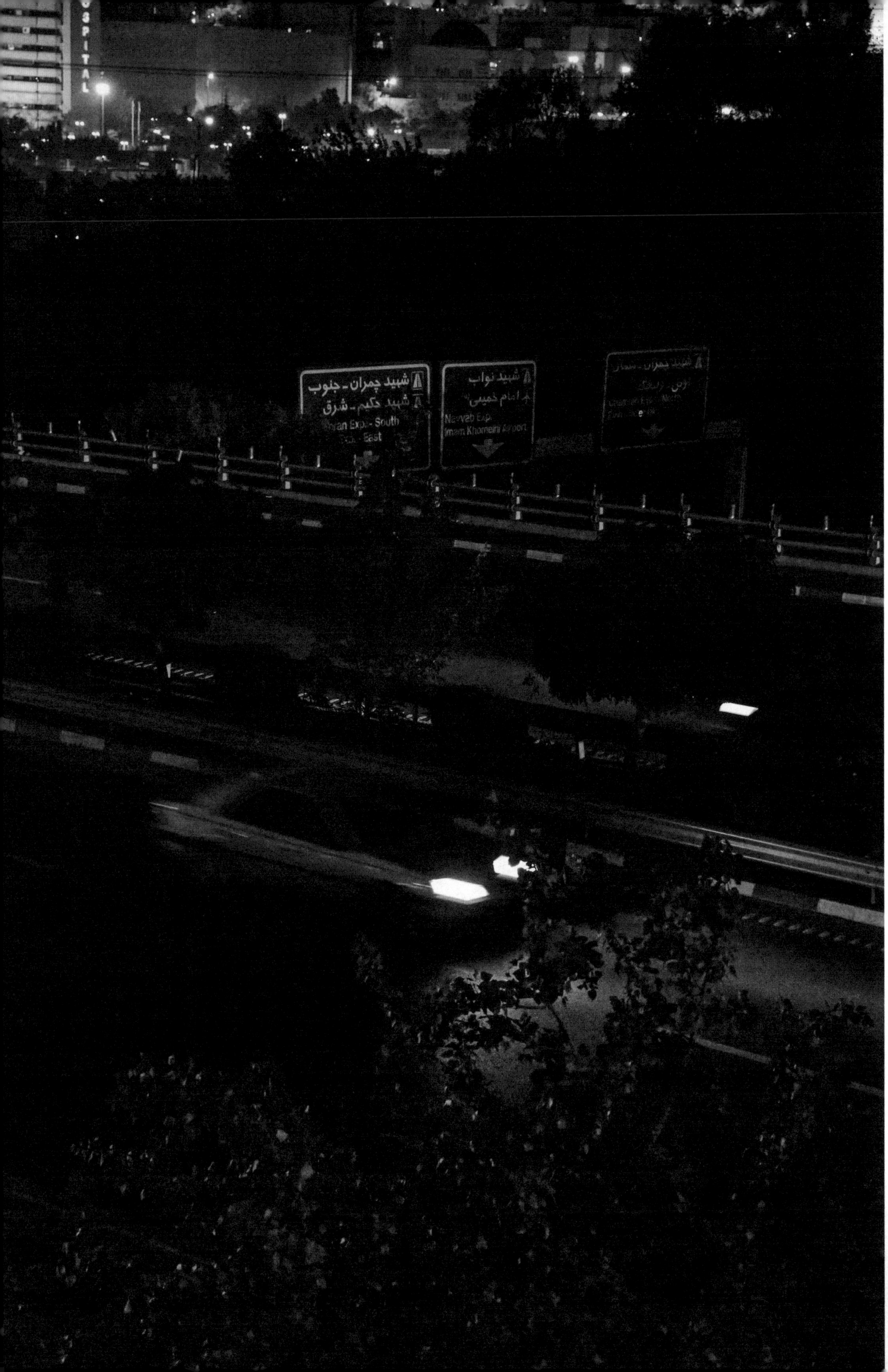
شهید چمران - جنوب
شهید حکیم - شرق
شهید نواب
امام خمینی
Imam Khomeini Airport

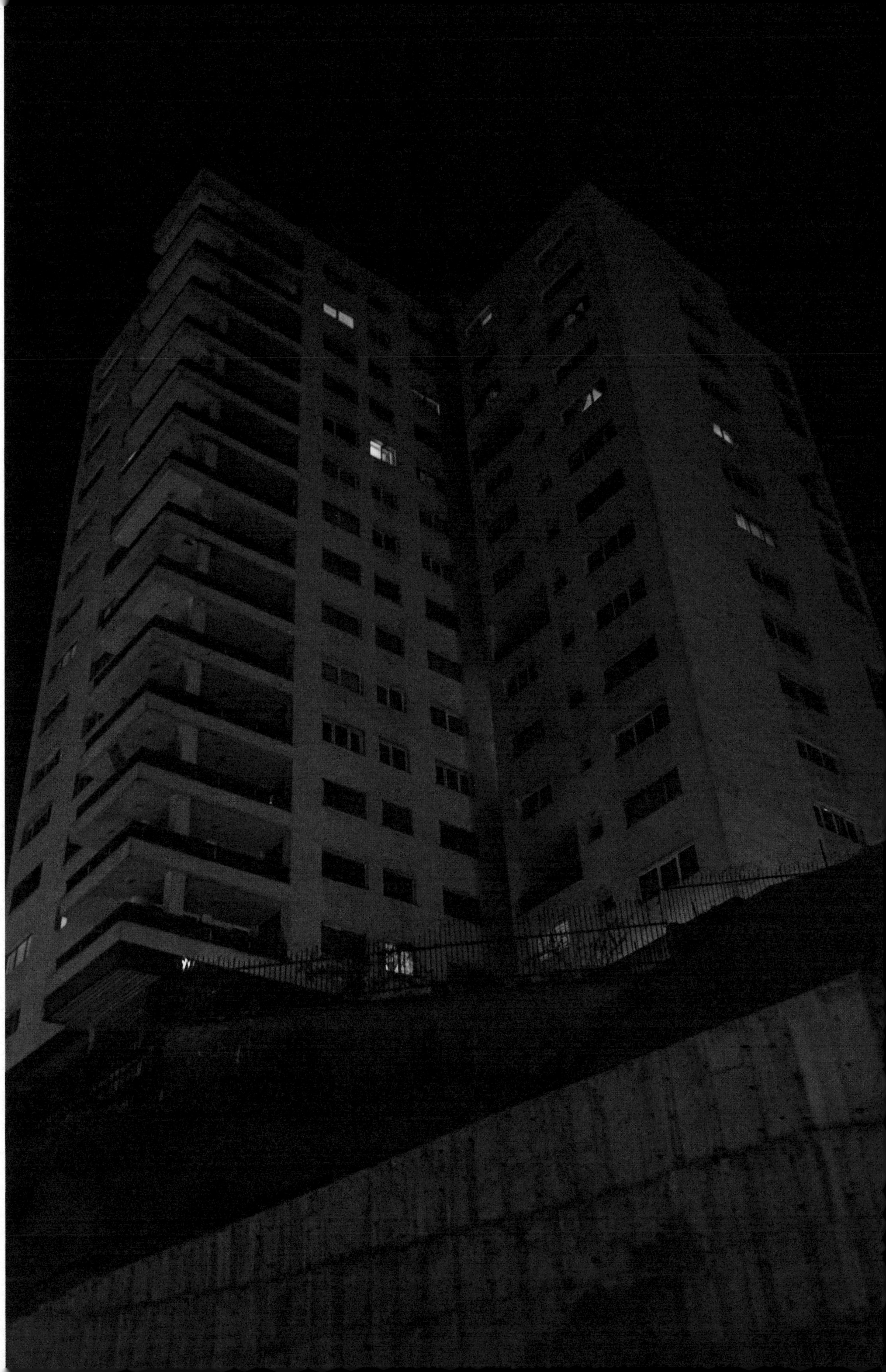

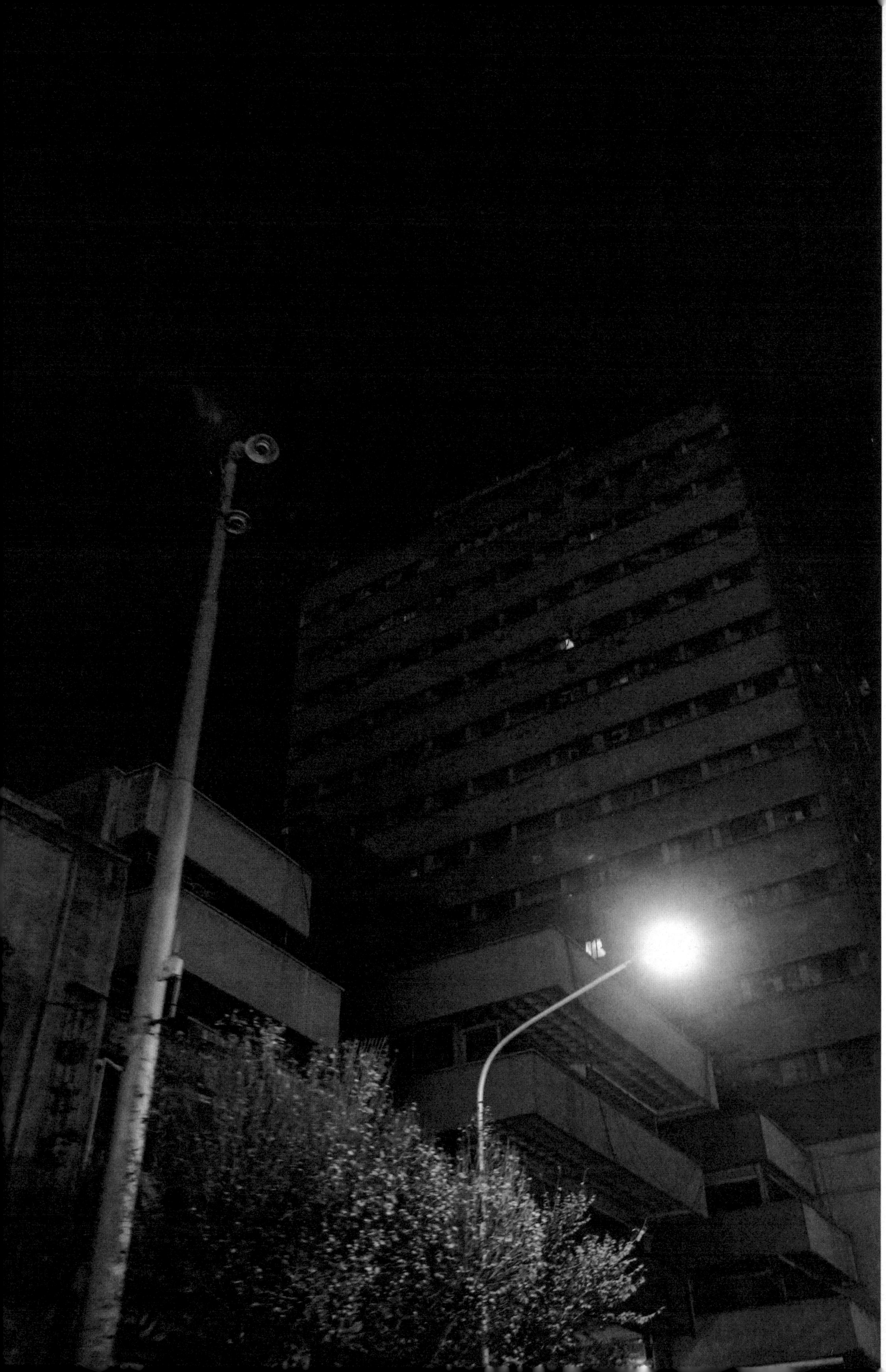

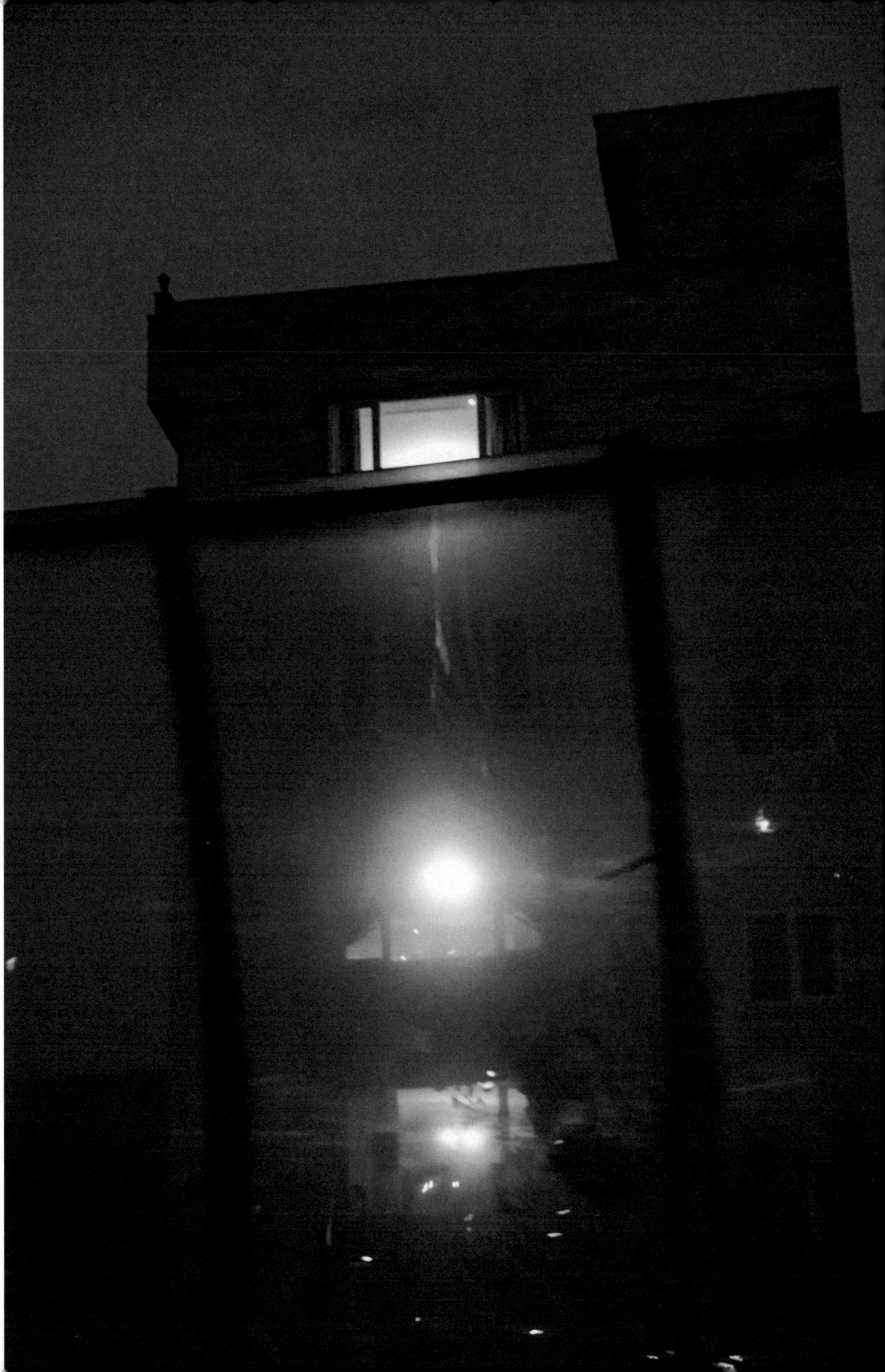

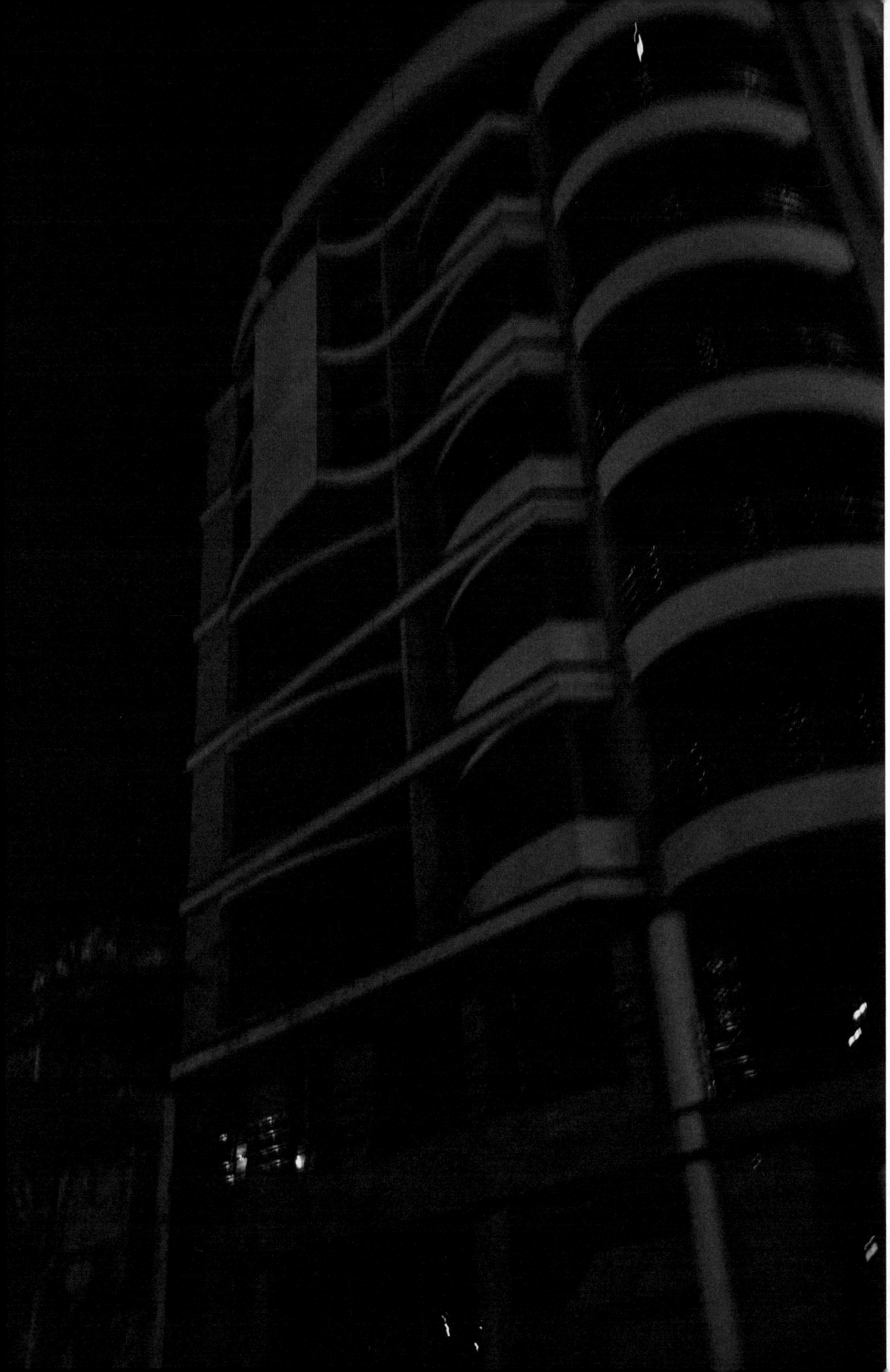

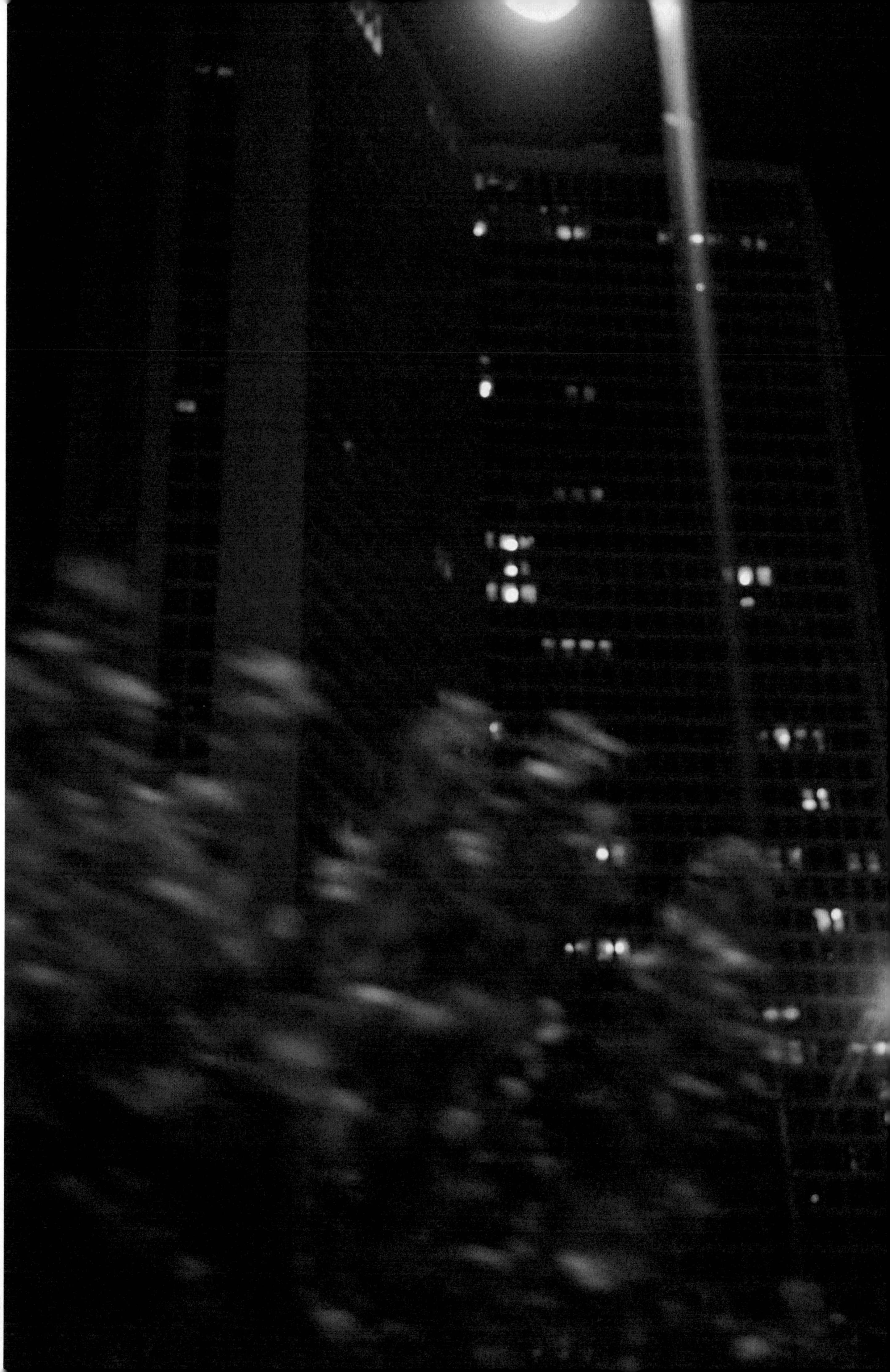

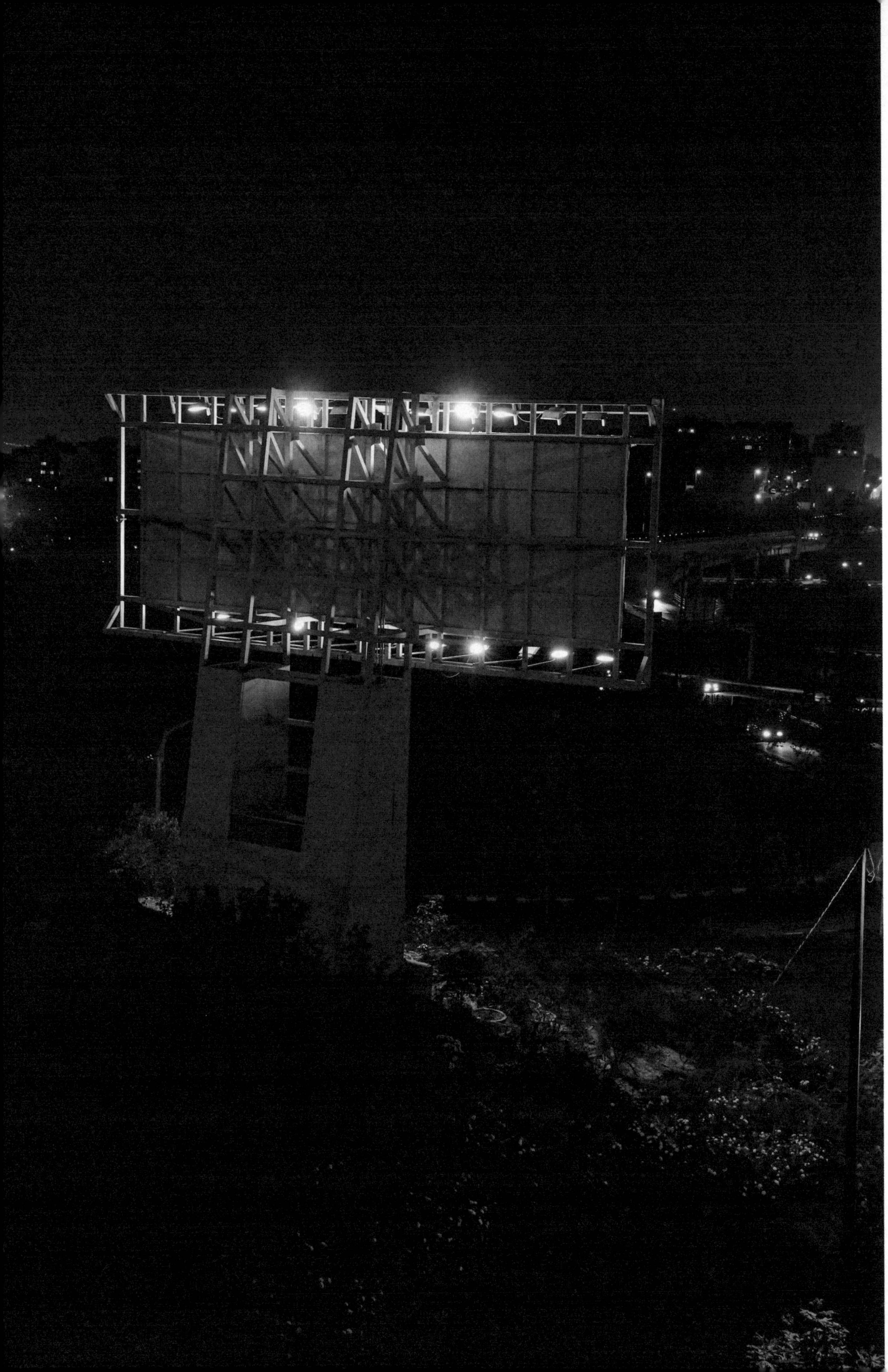

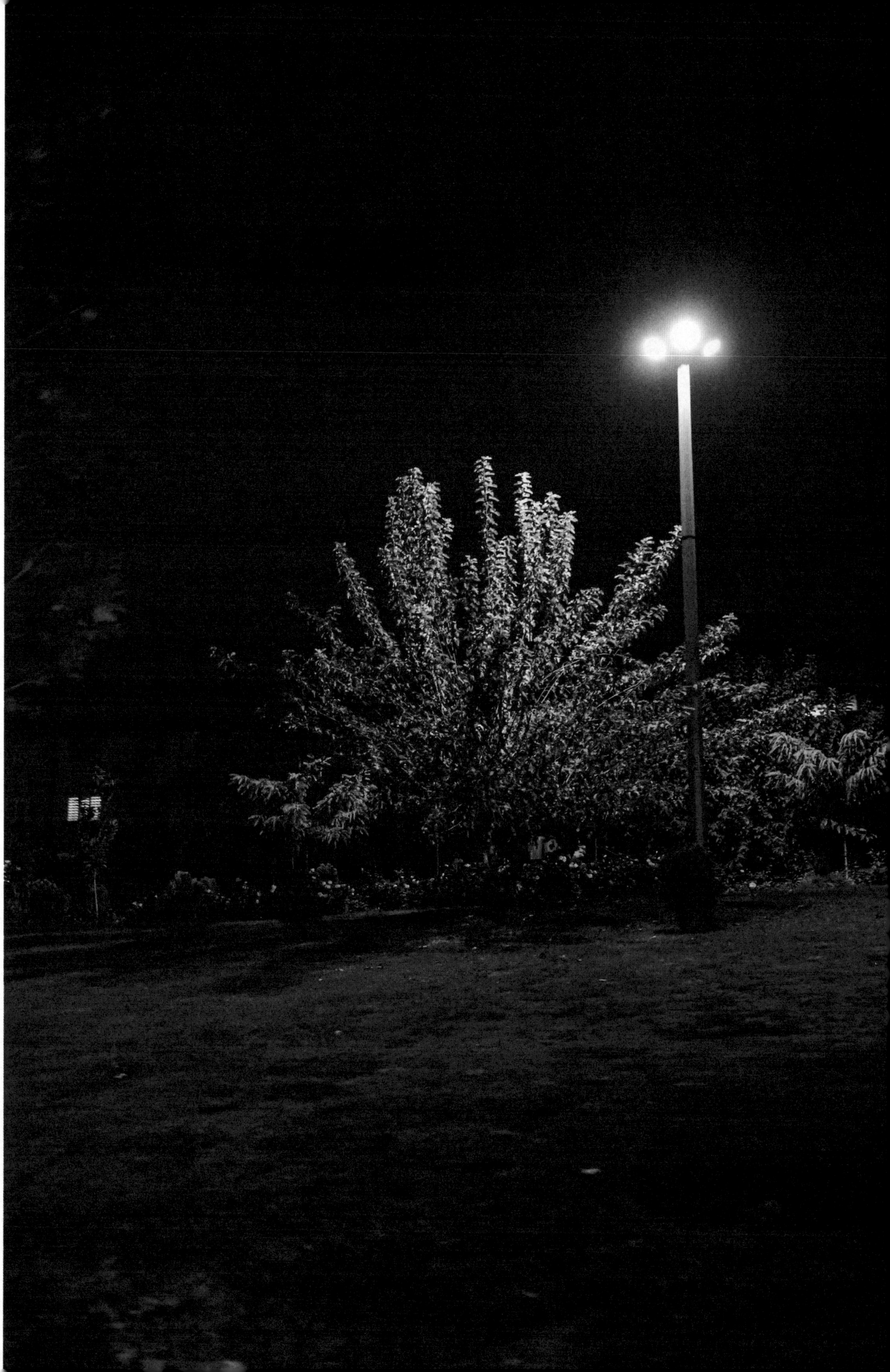

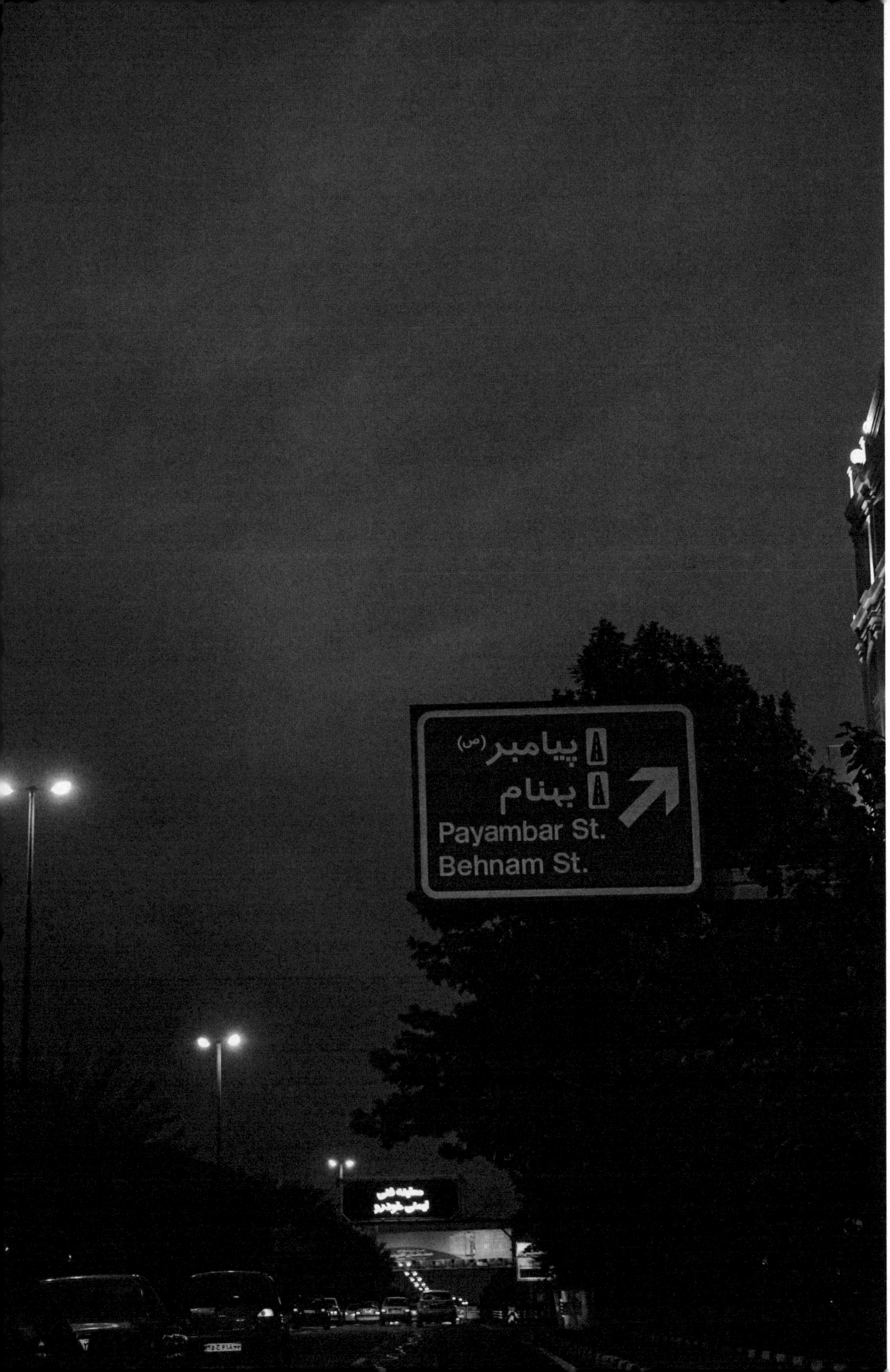
پیامبر (ص)
بهنام
Payambar St.
Behnam St.

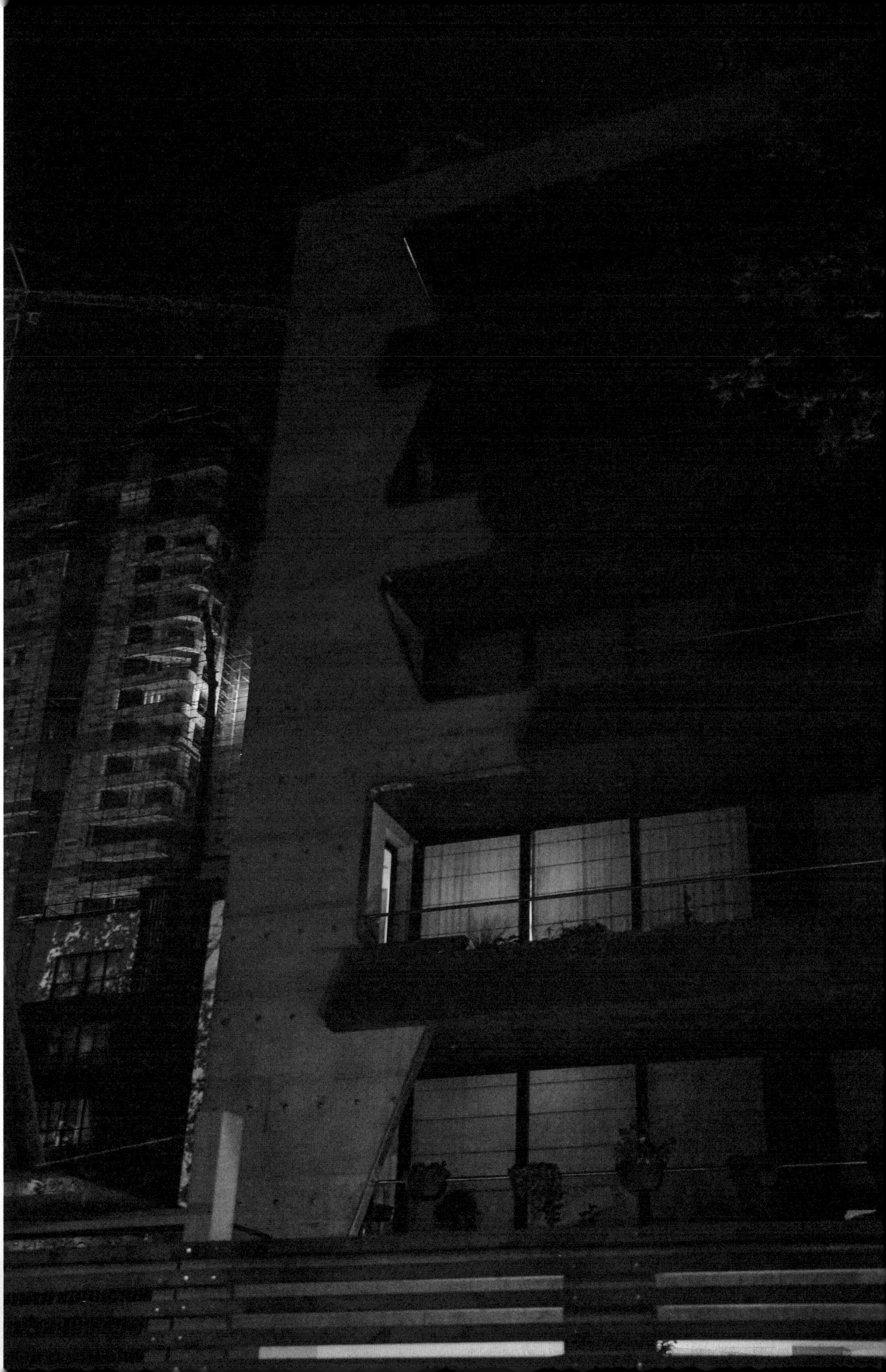

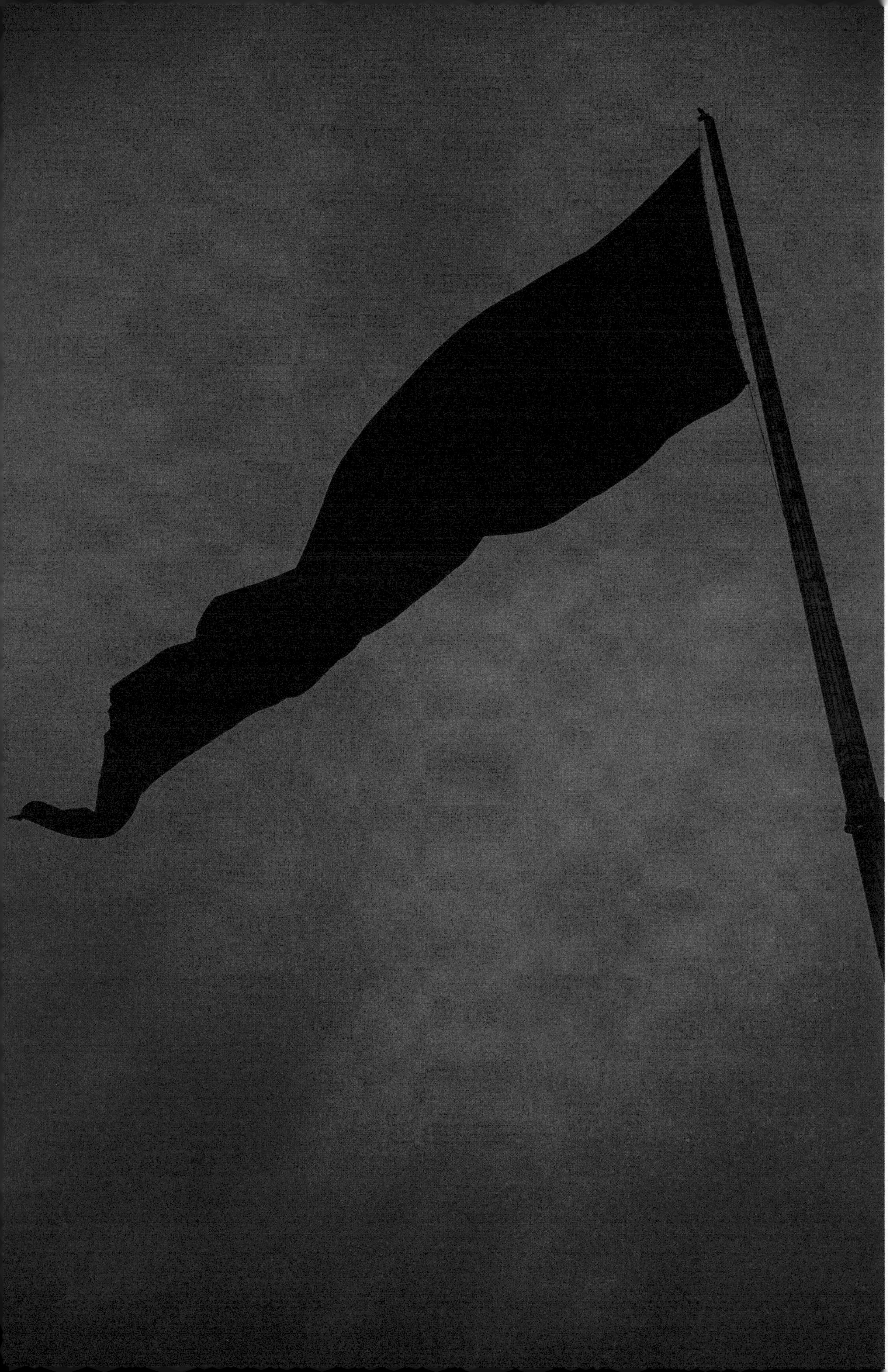

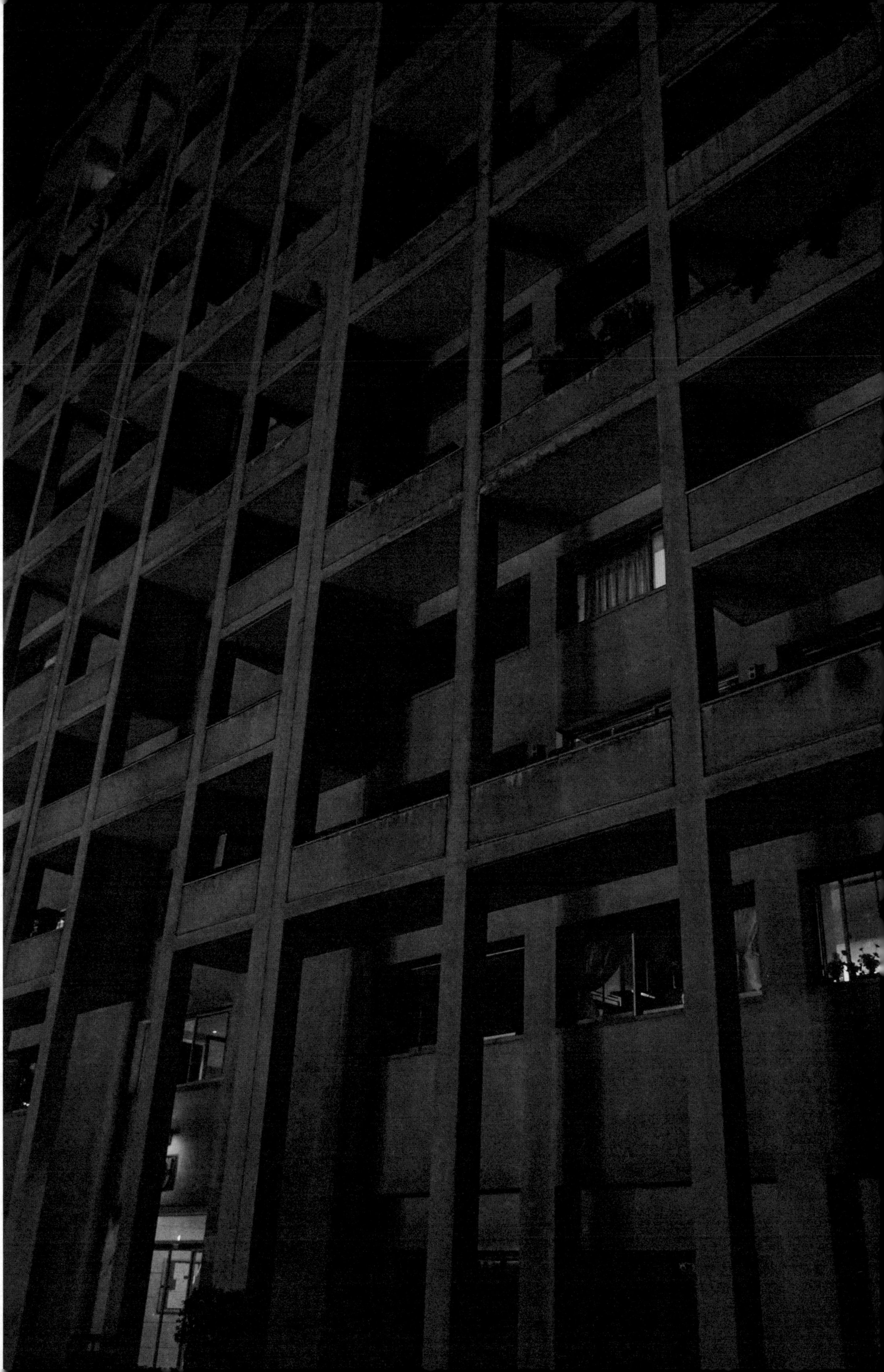

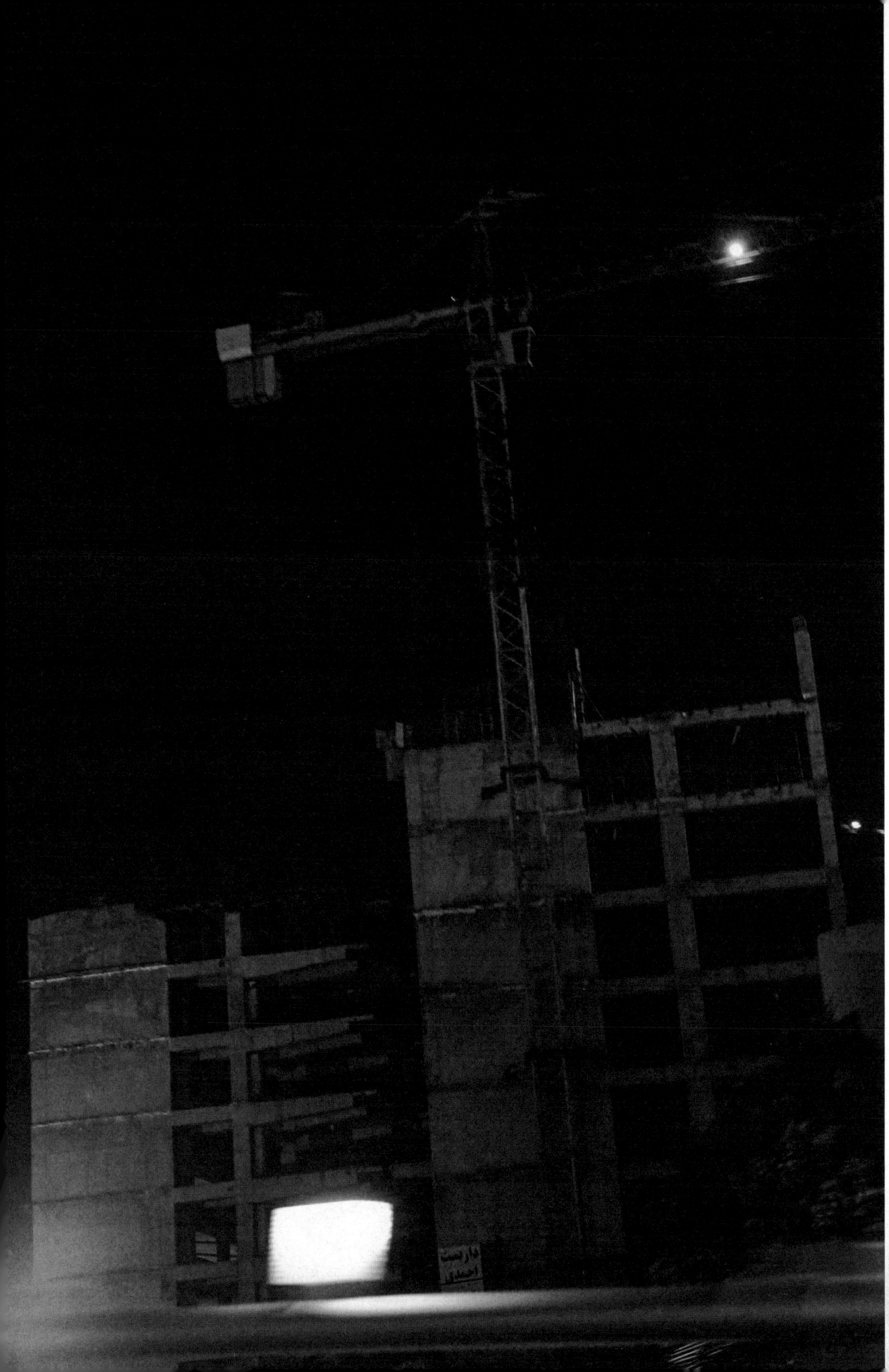

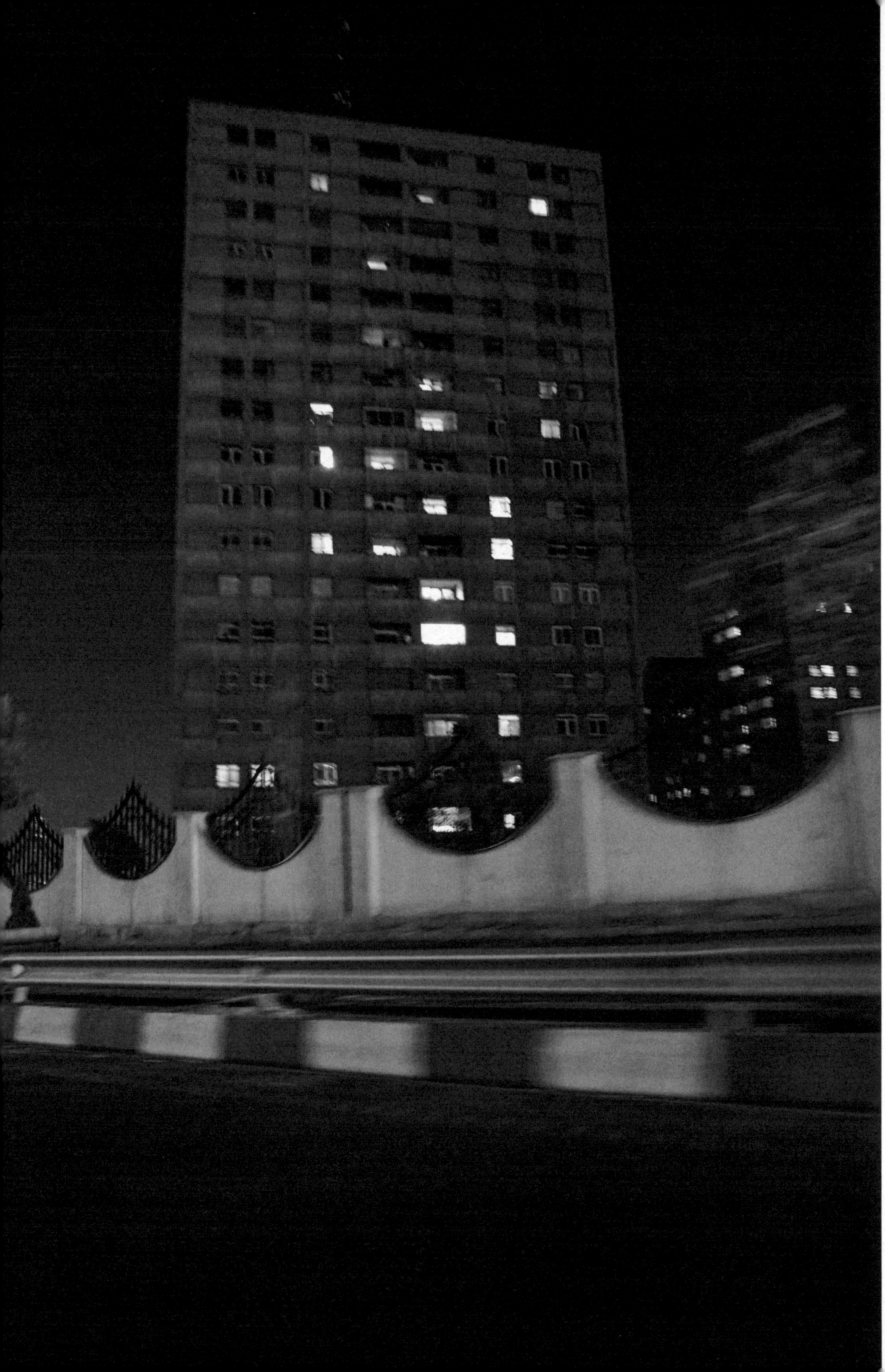

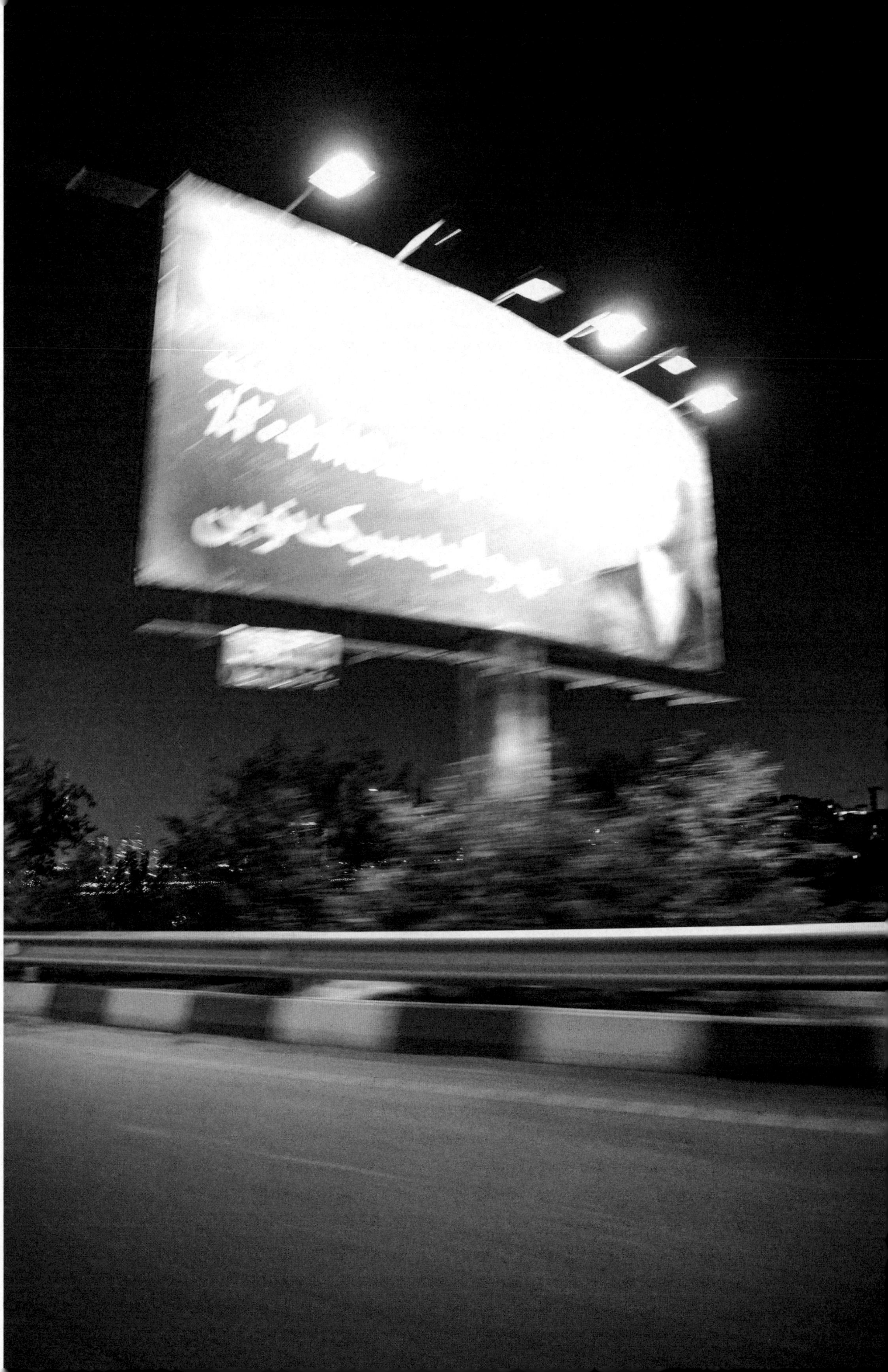

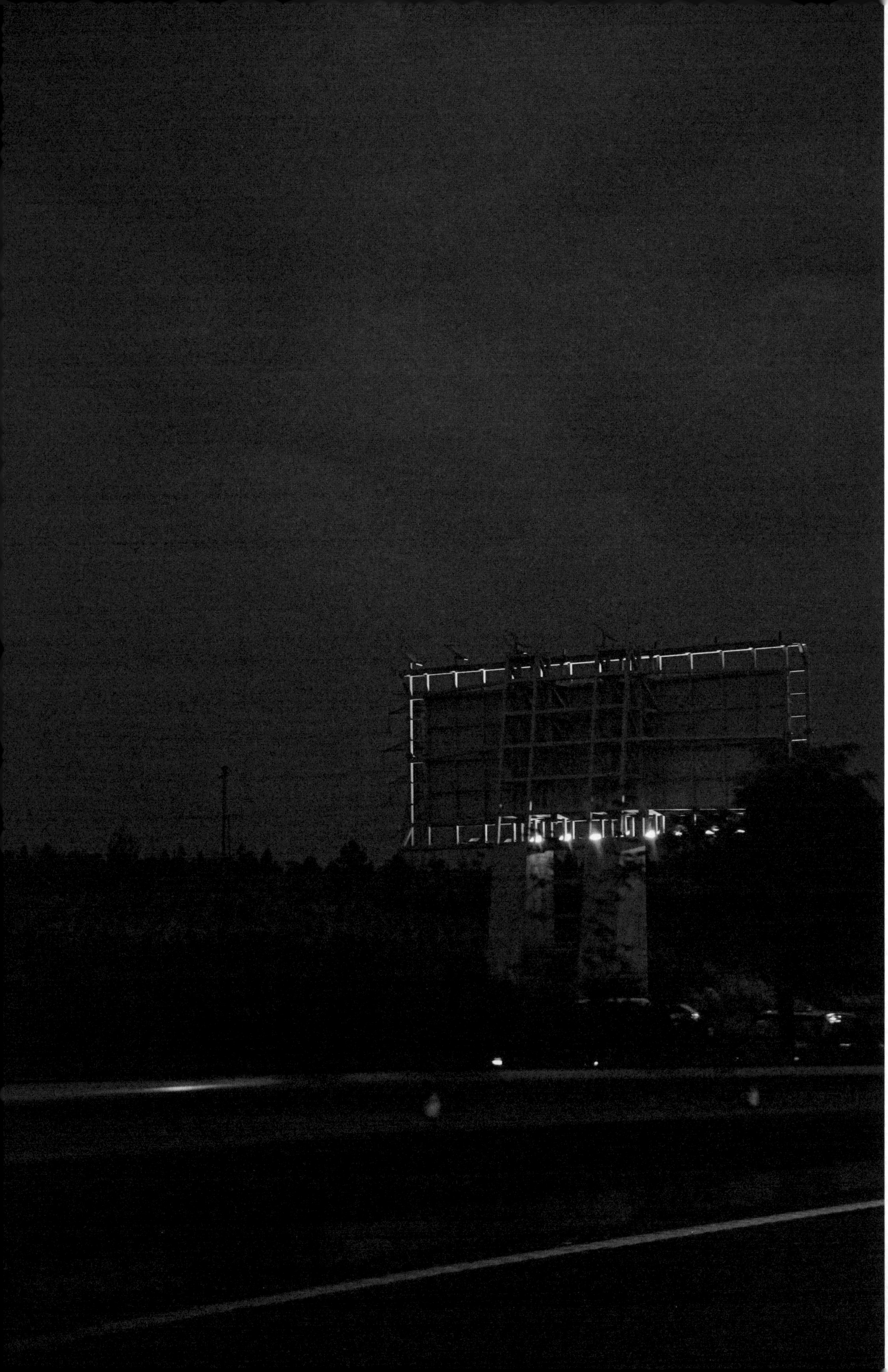

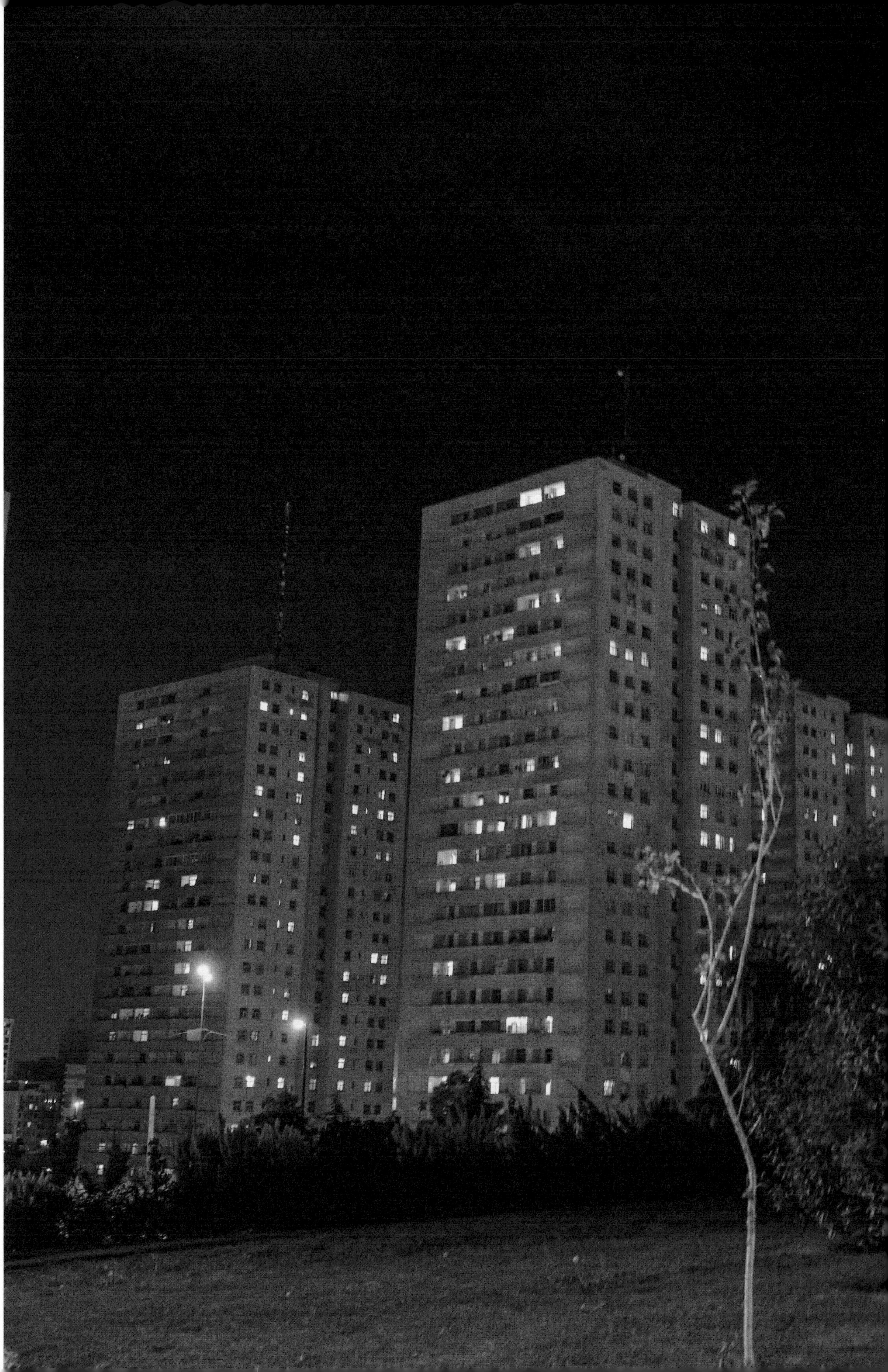

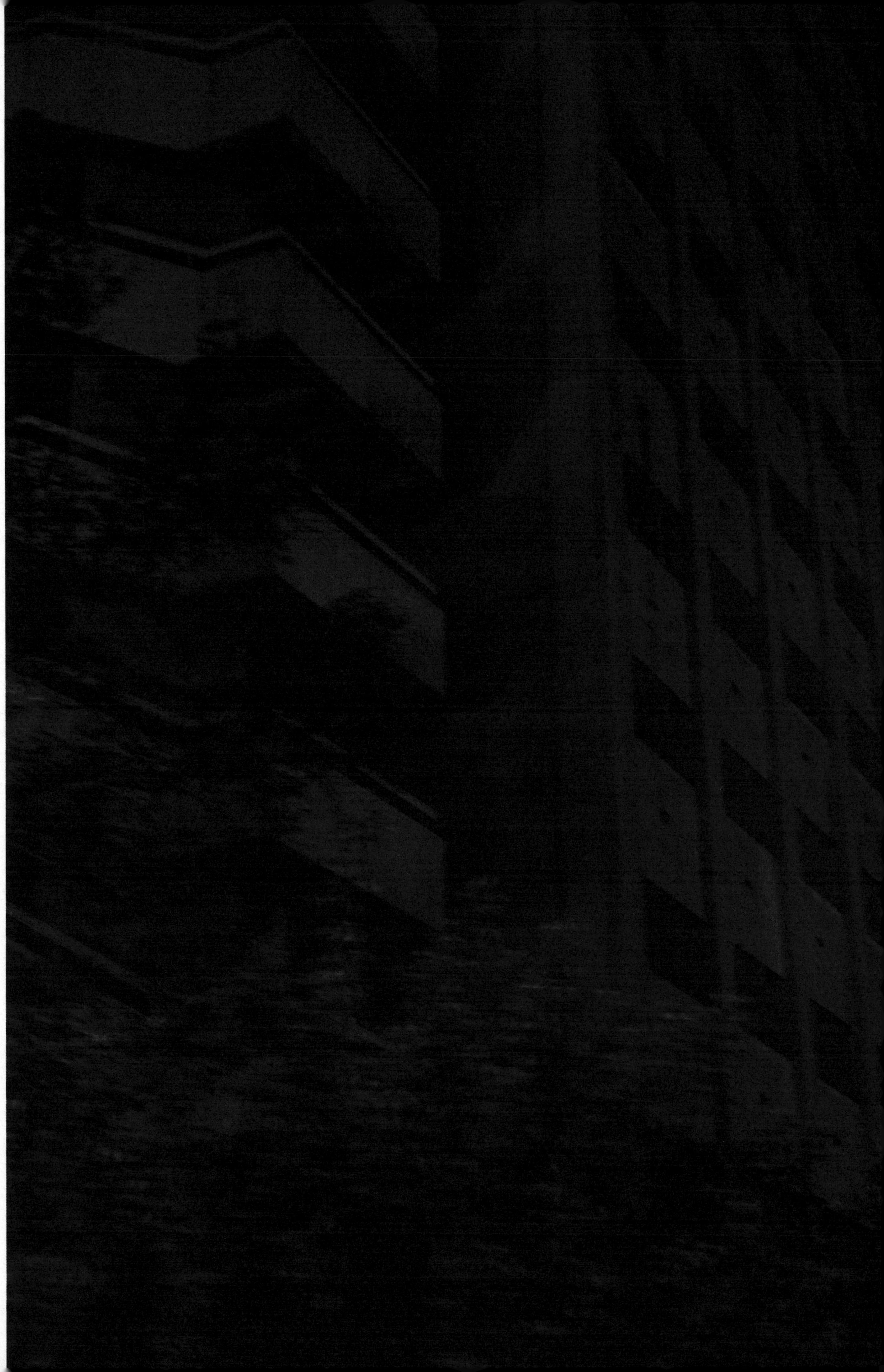

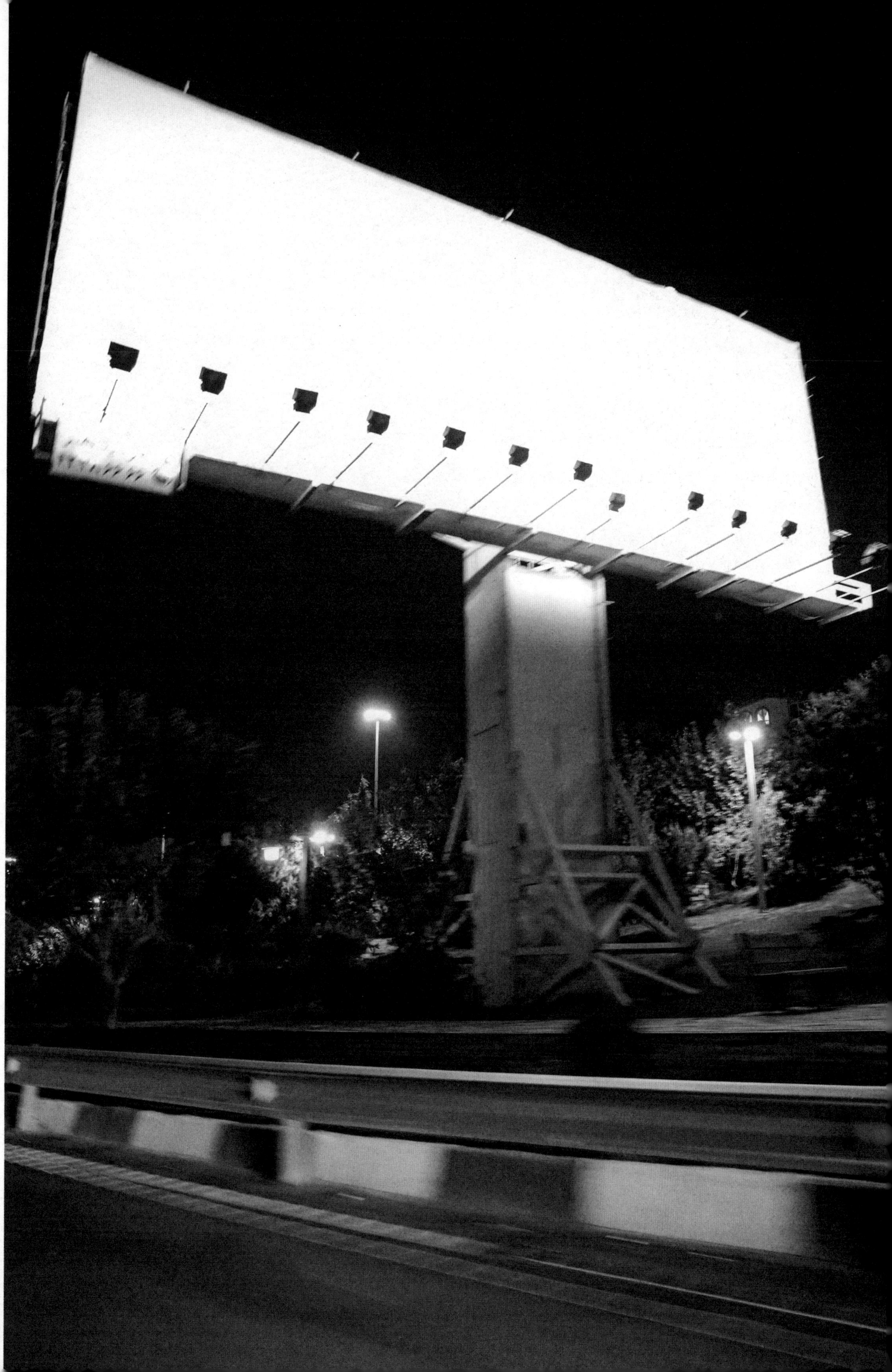

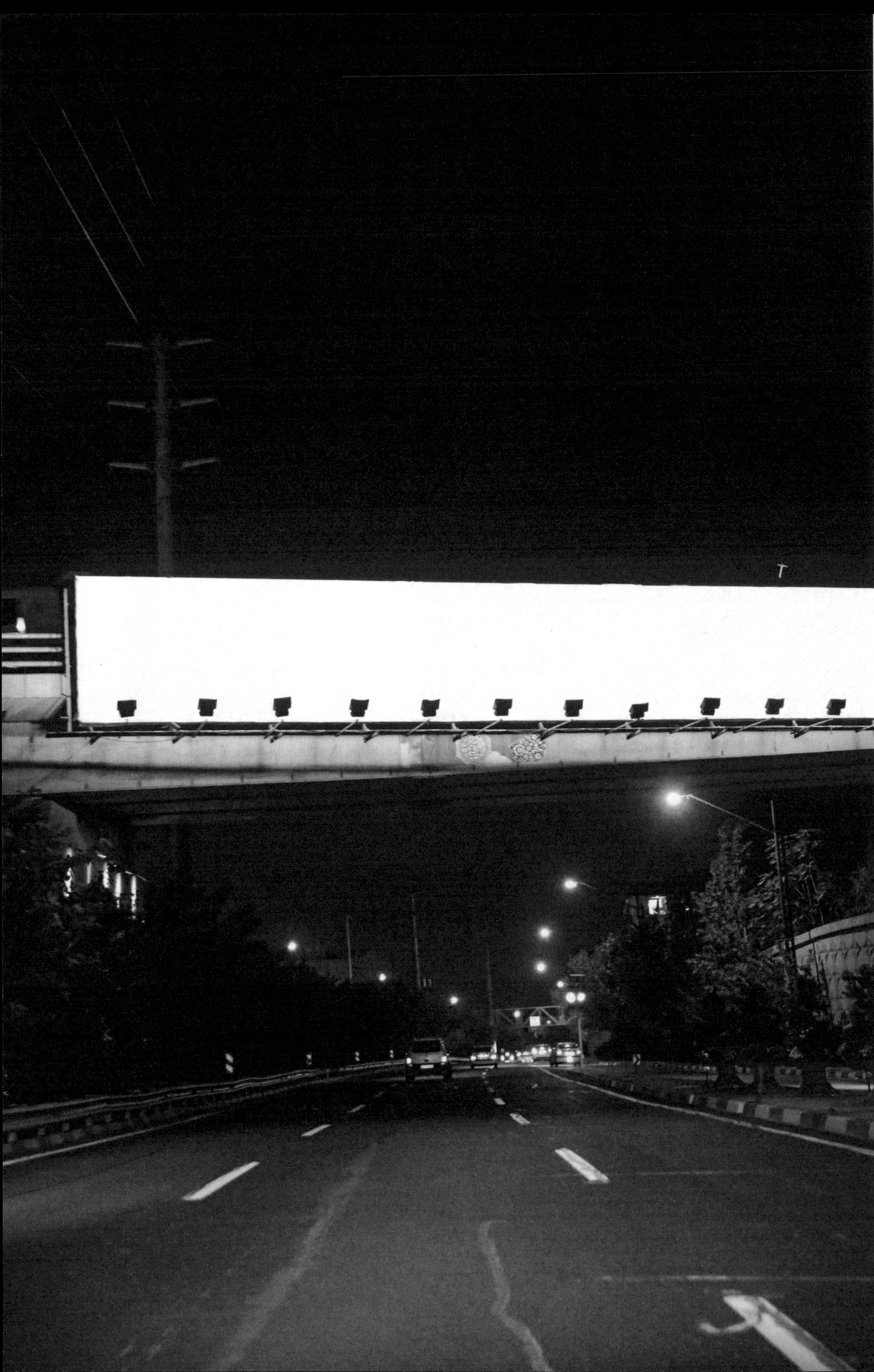

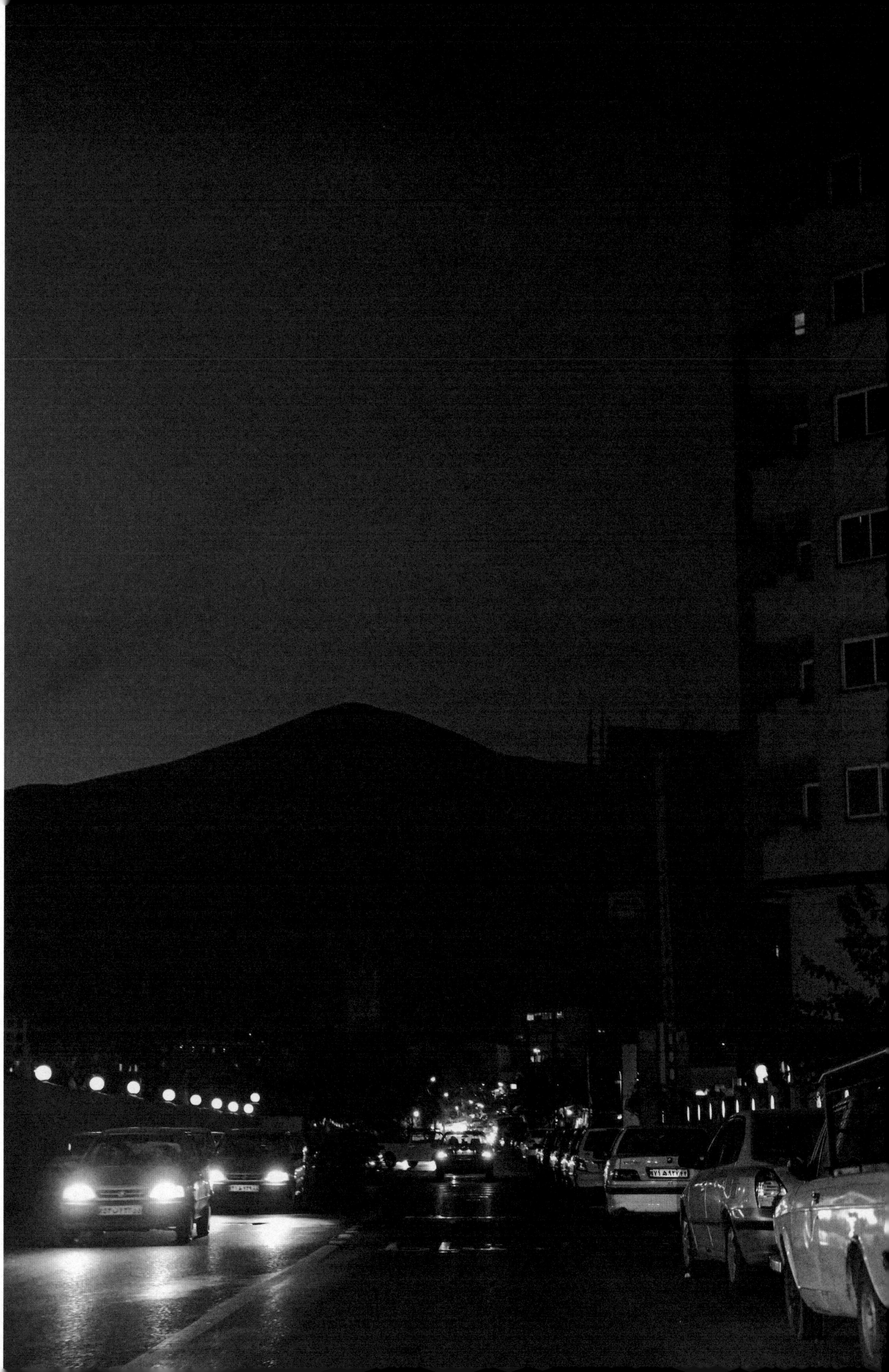

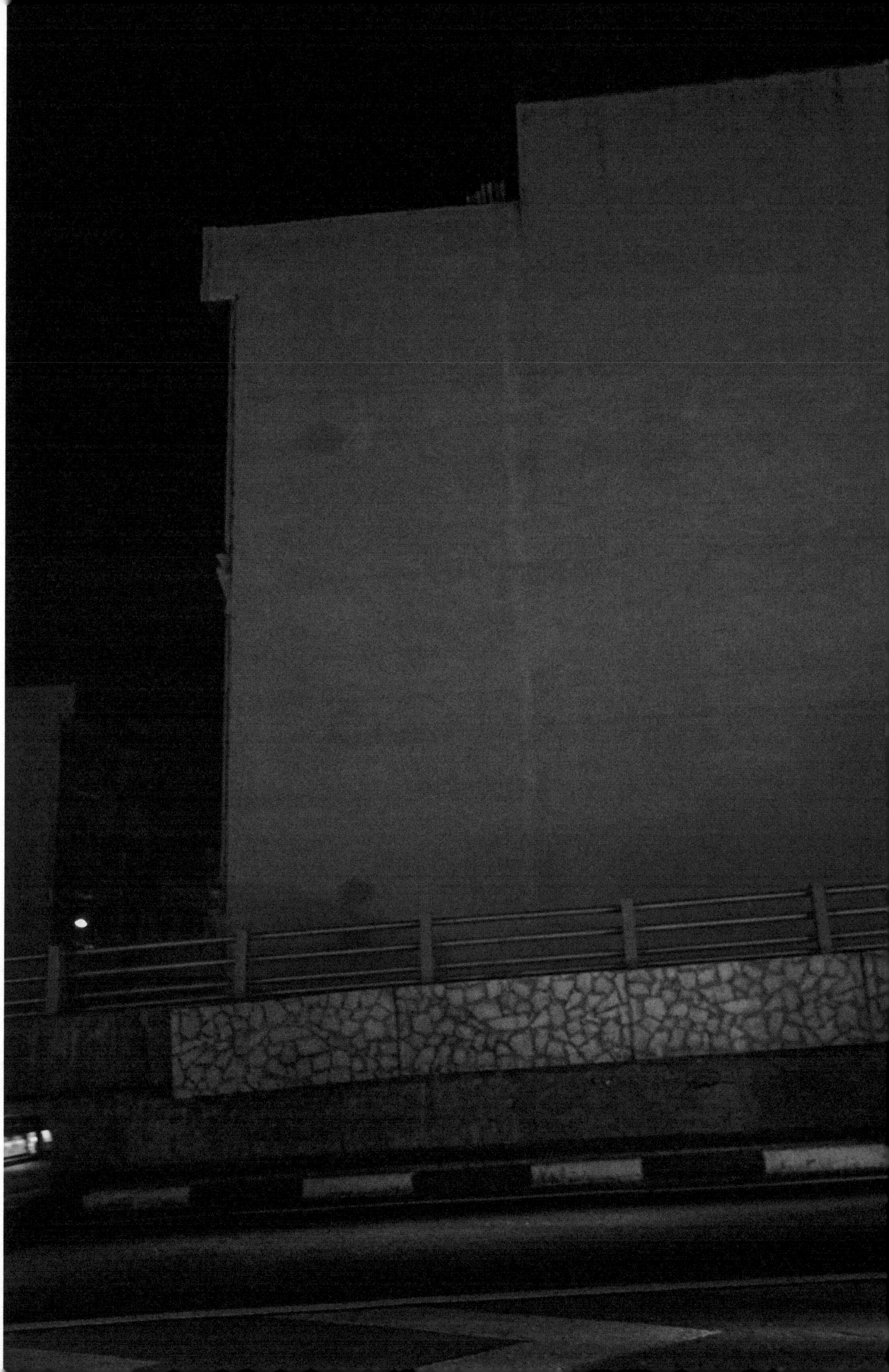

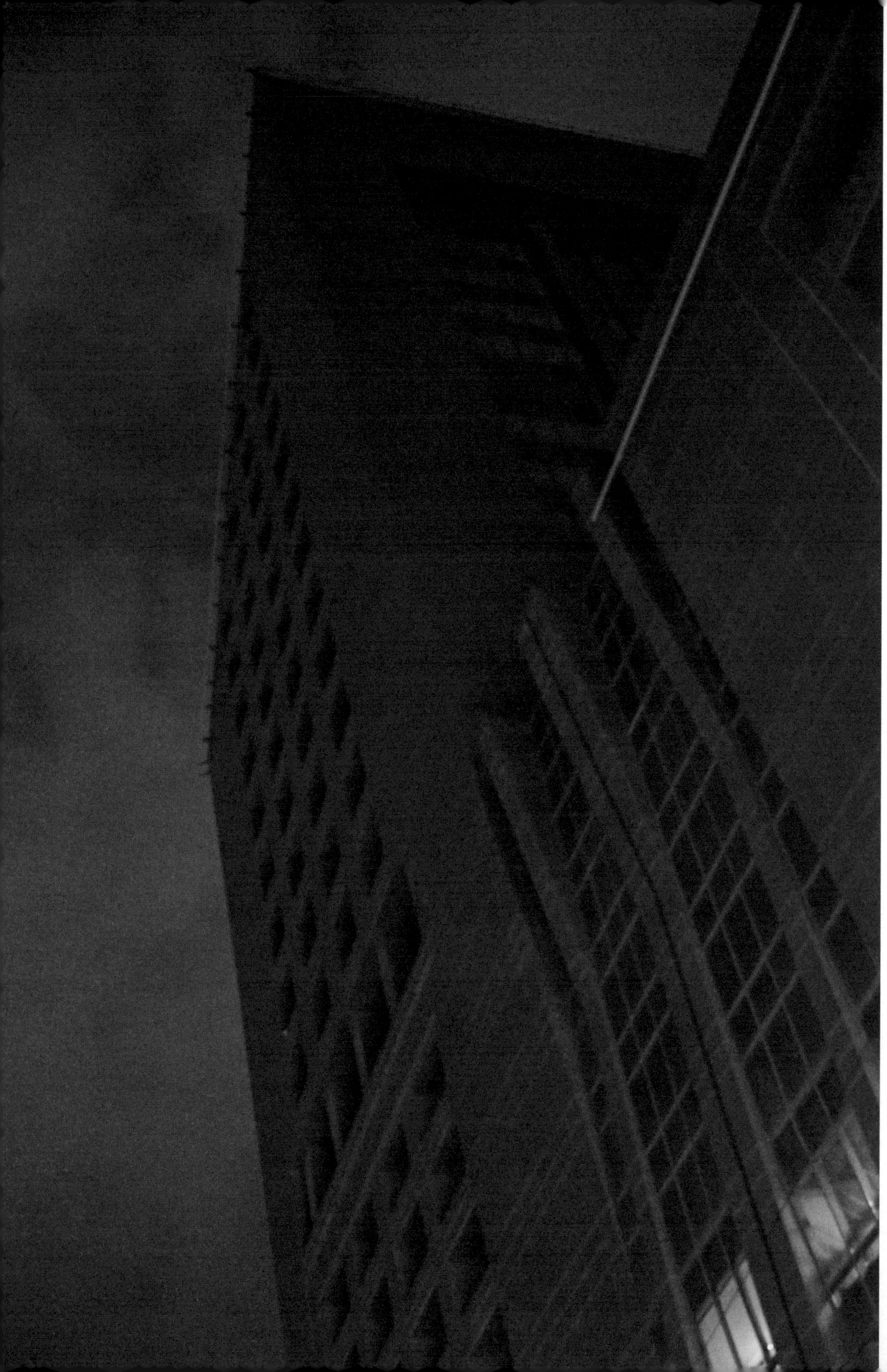

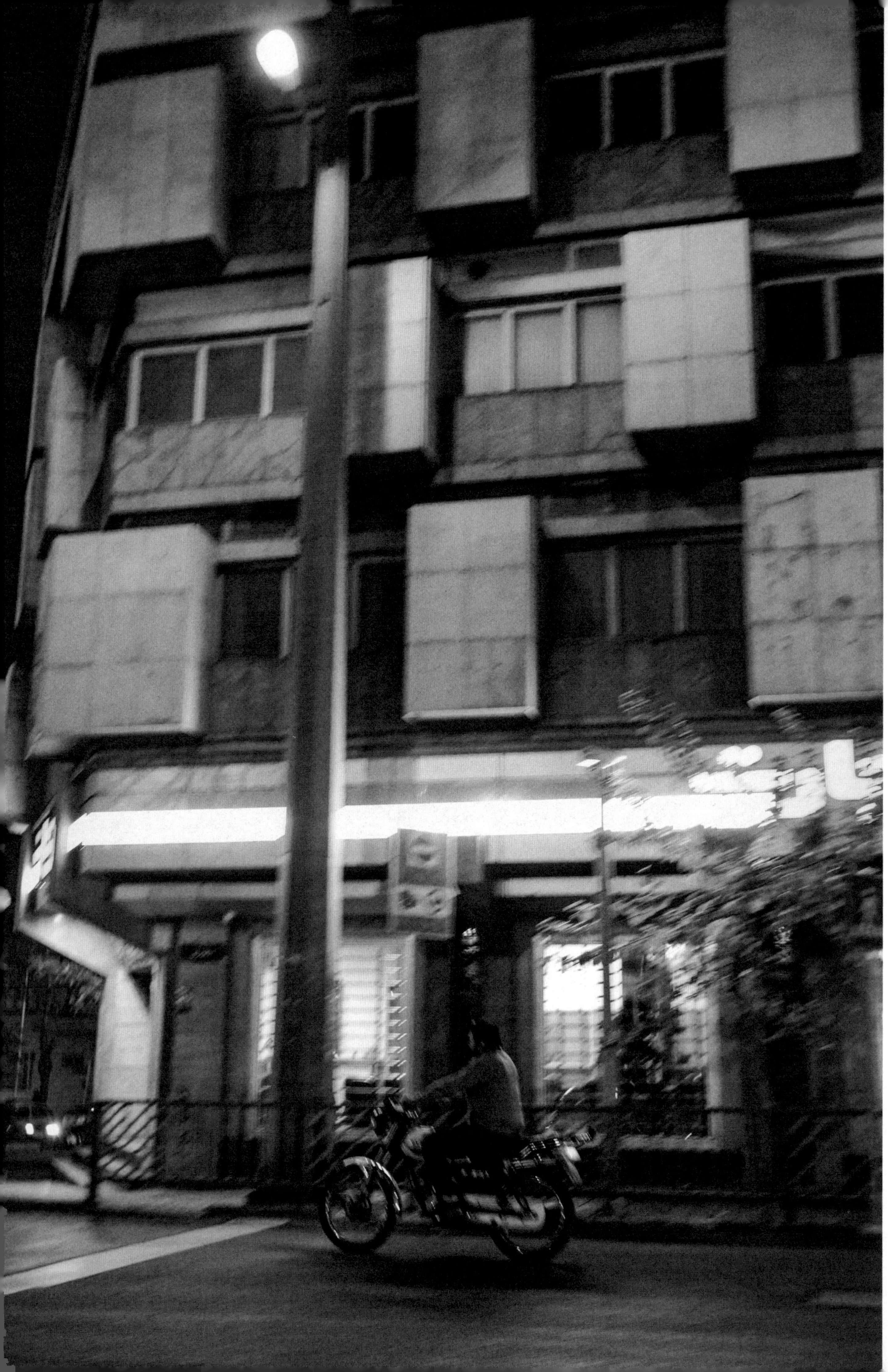

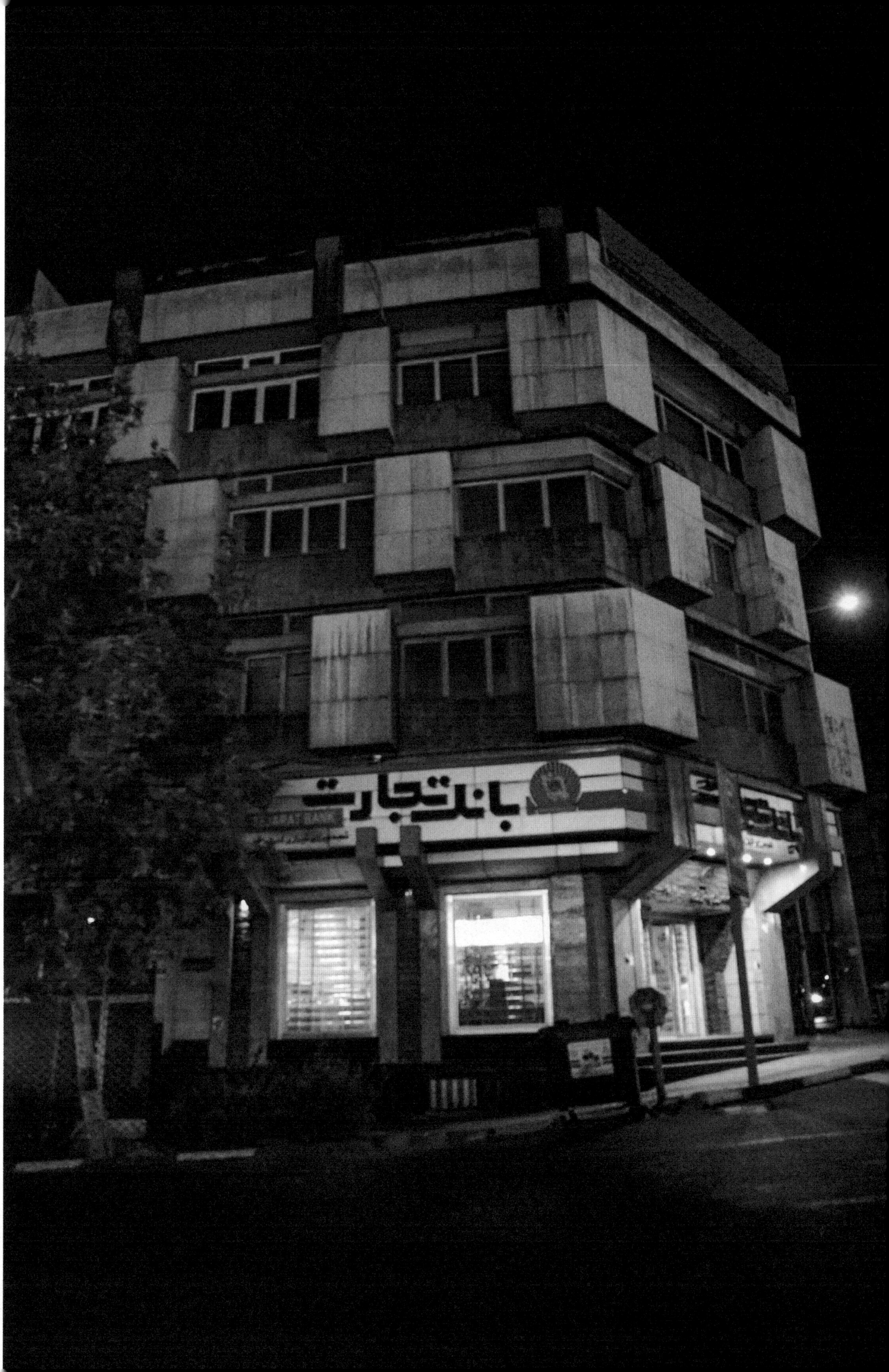
بانک تجارت

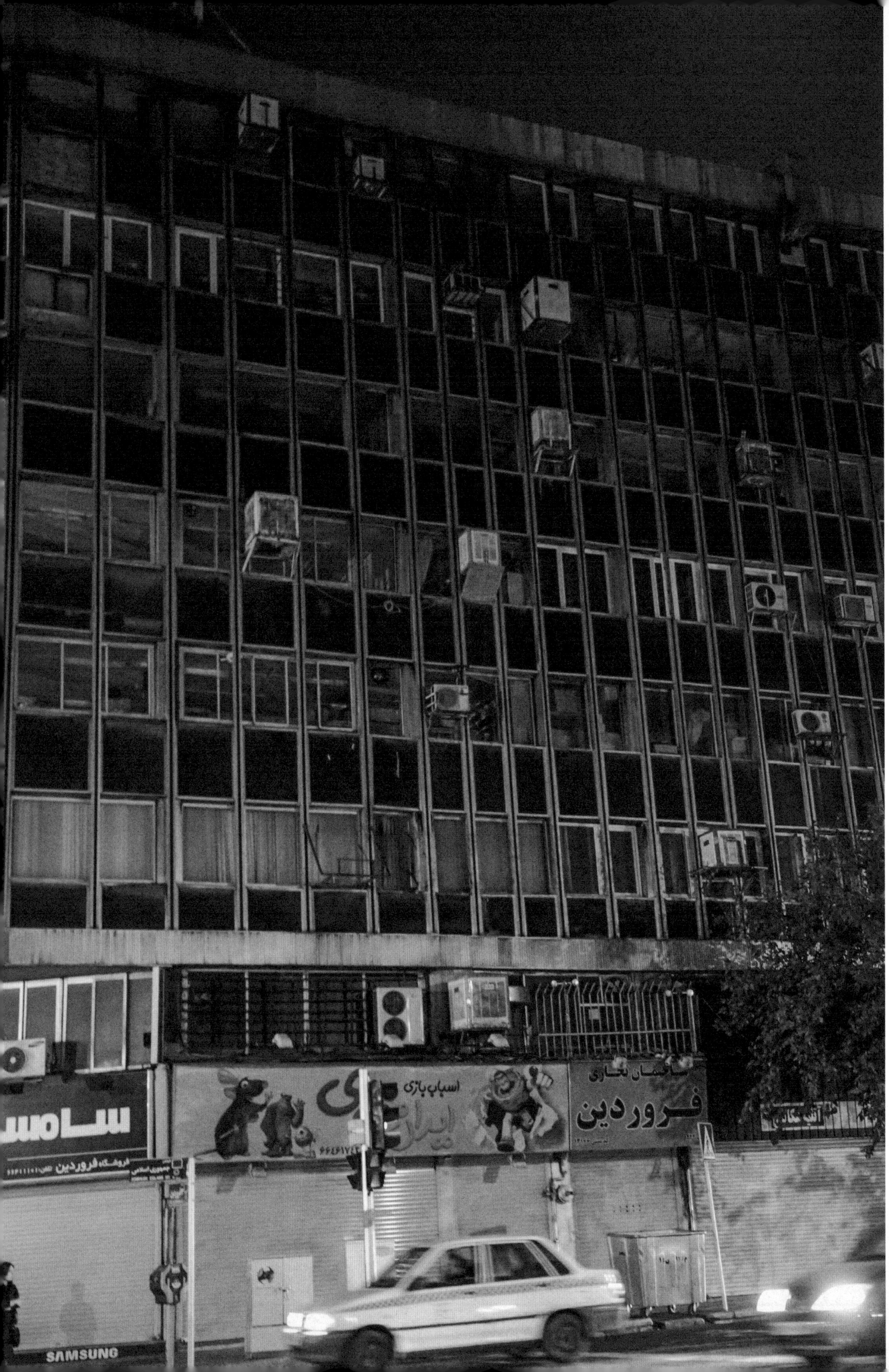
اسباب بازی
فروردین
SAMSUNG

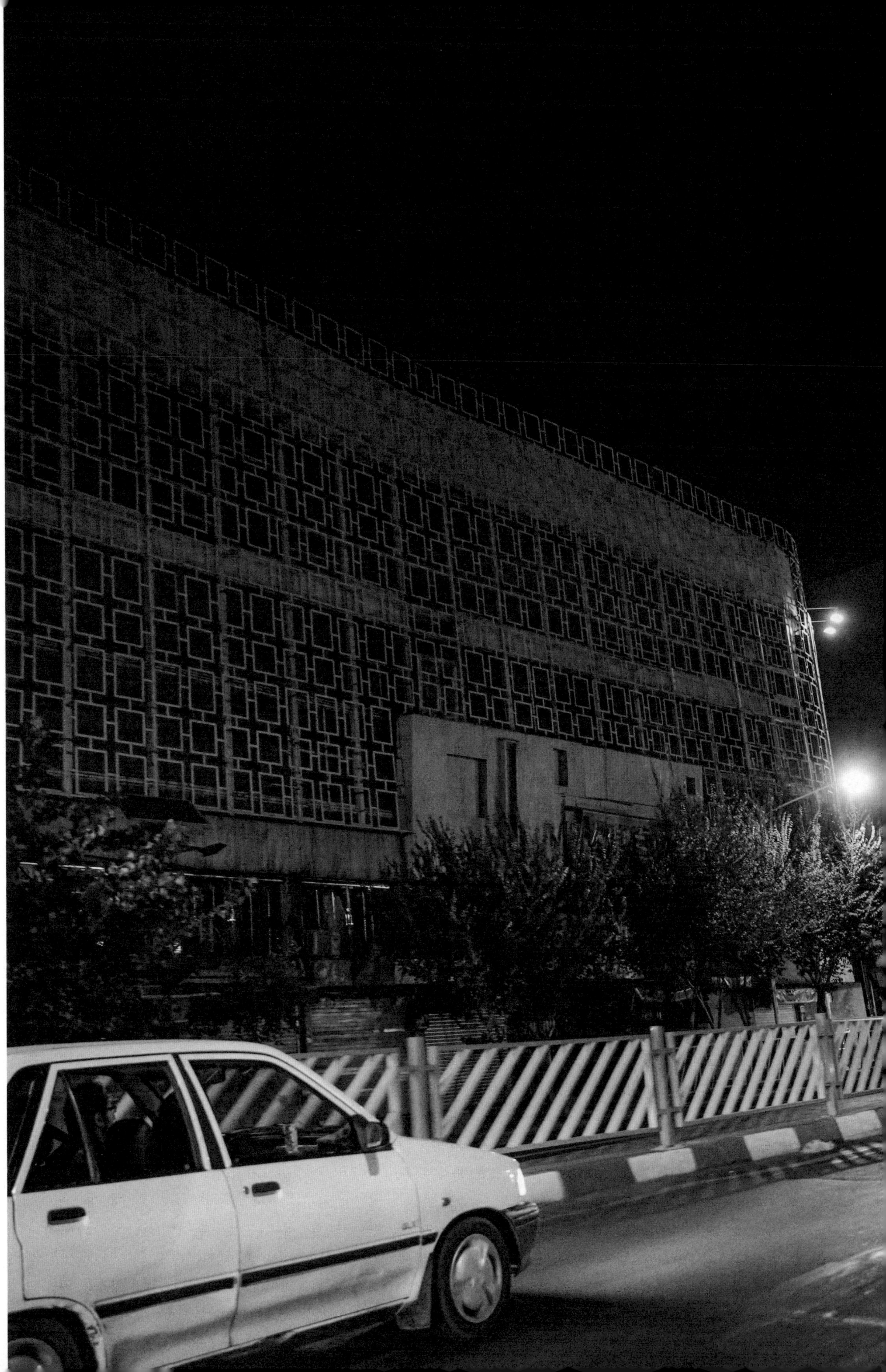

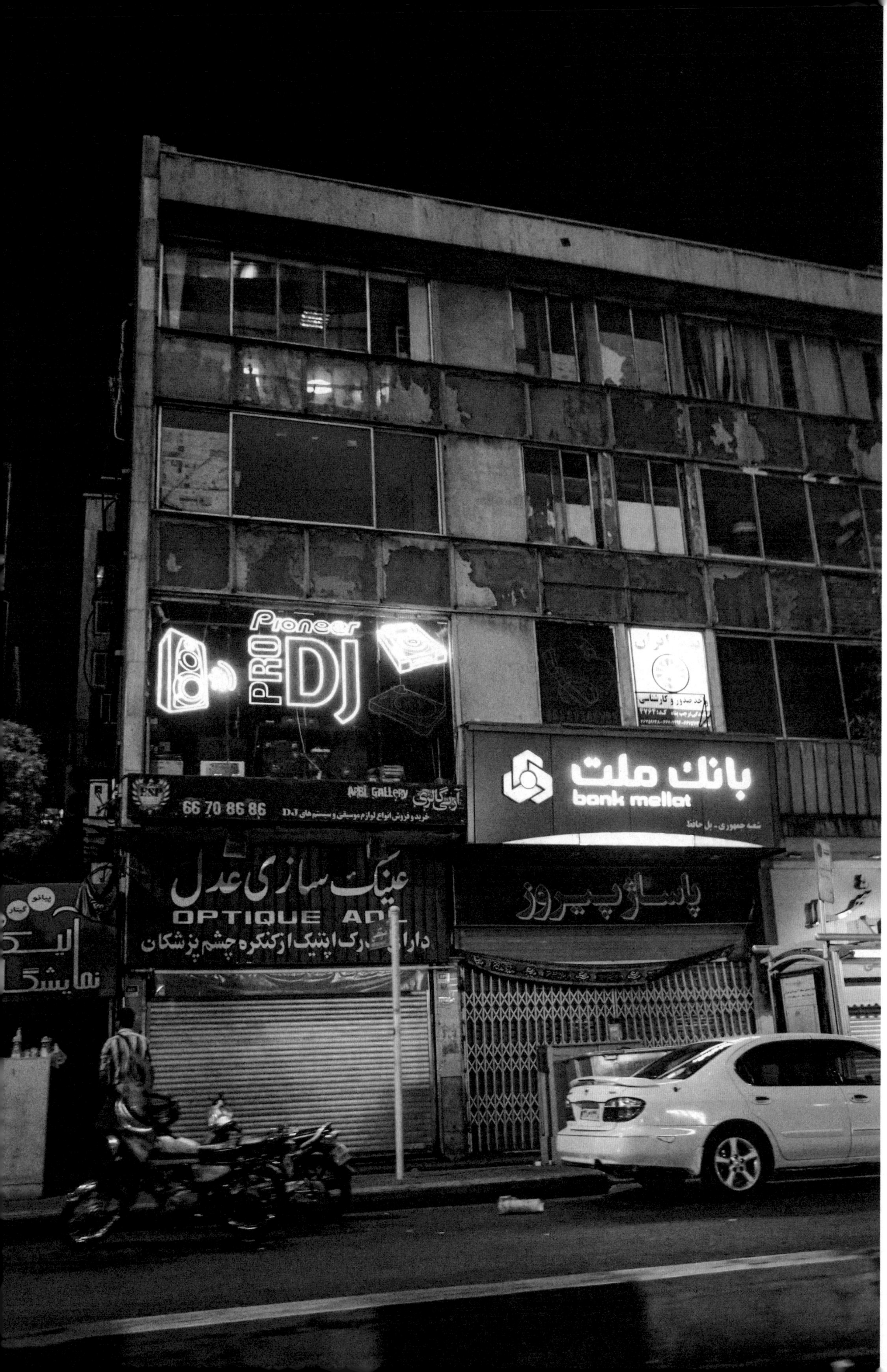

Pioneer
PRO DJ
66 70 86 86
ARBI GALLERY
عینک سازی عدل
OPTIQUE ADL
بانک ملت
bank mellat
پاساژ پیروز

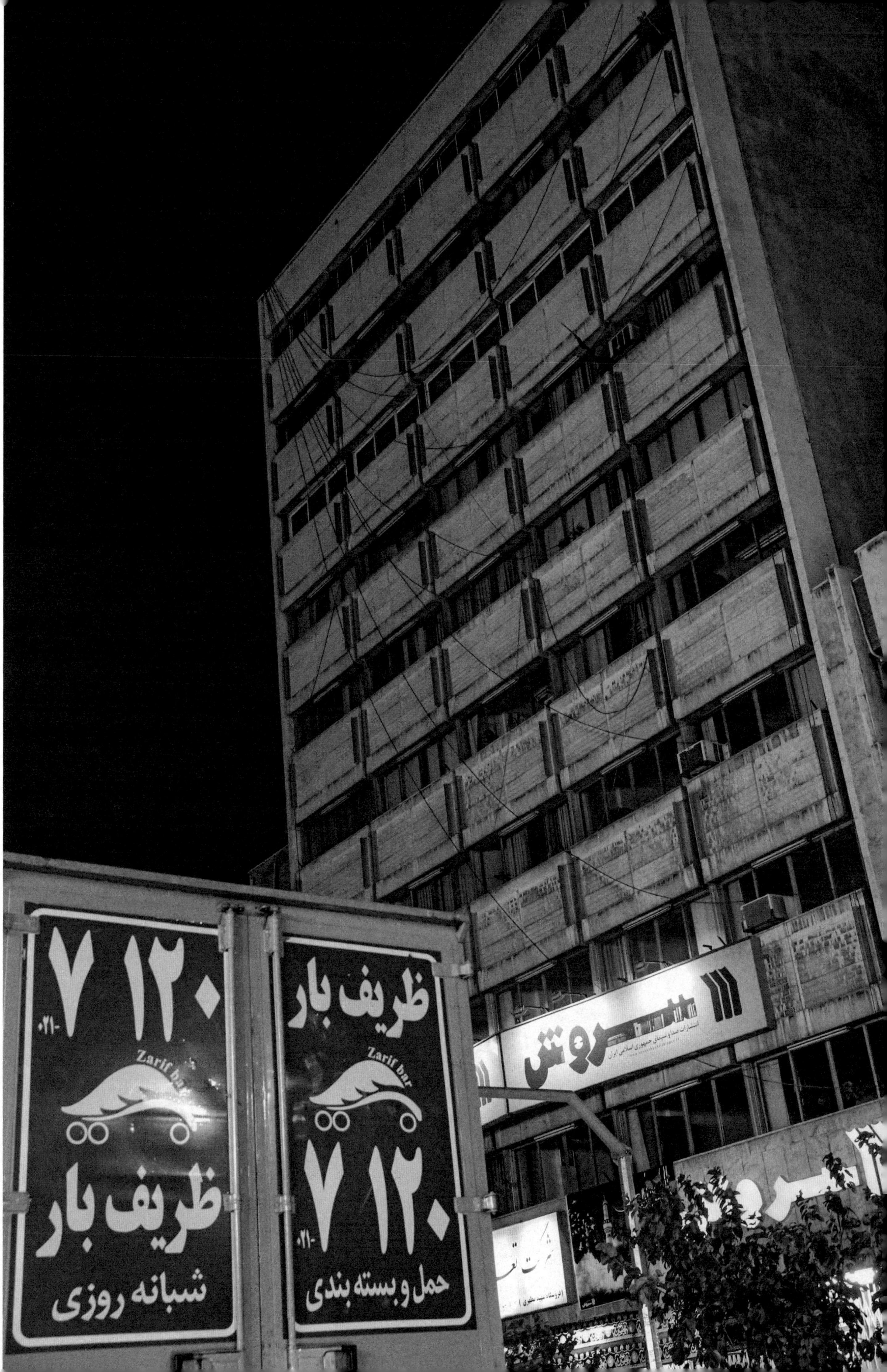
۷ ۱۲۰
-۰۲۱
Zarif bar
ظریف بار
شبانه روزی
ظریف بار
Zarif bar
۷ ۱۲۰
-۰۲۱
حمل و بسته بندی

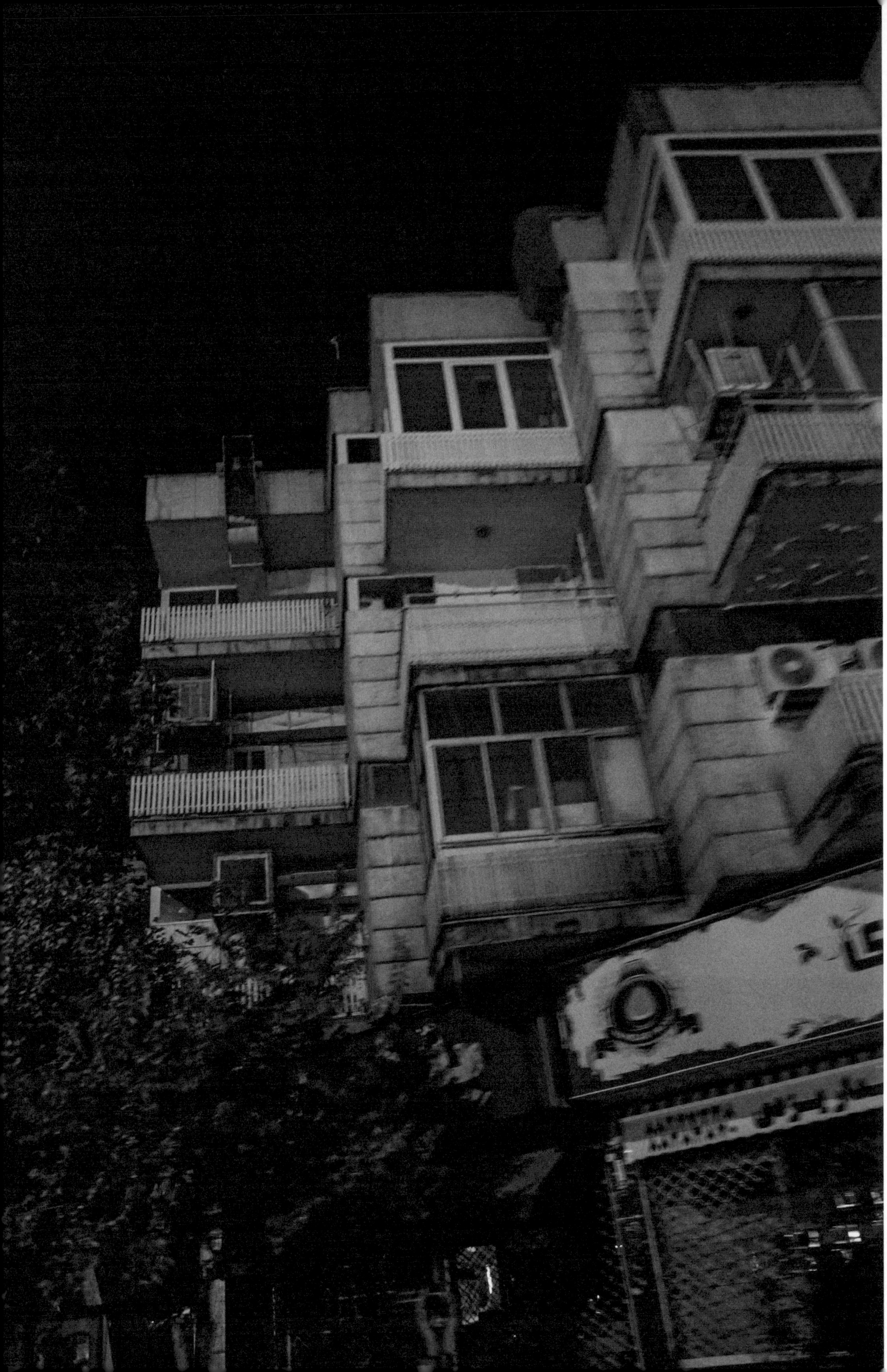

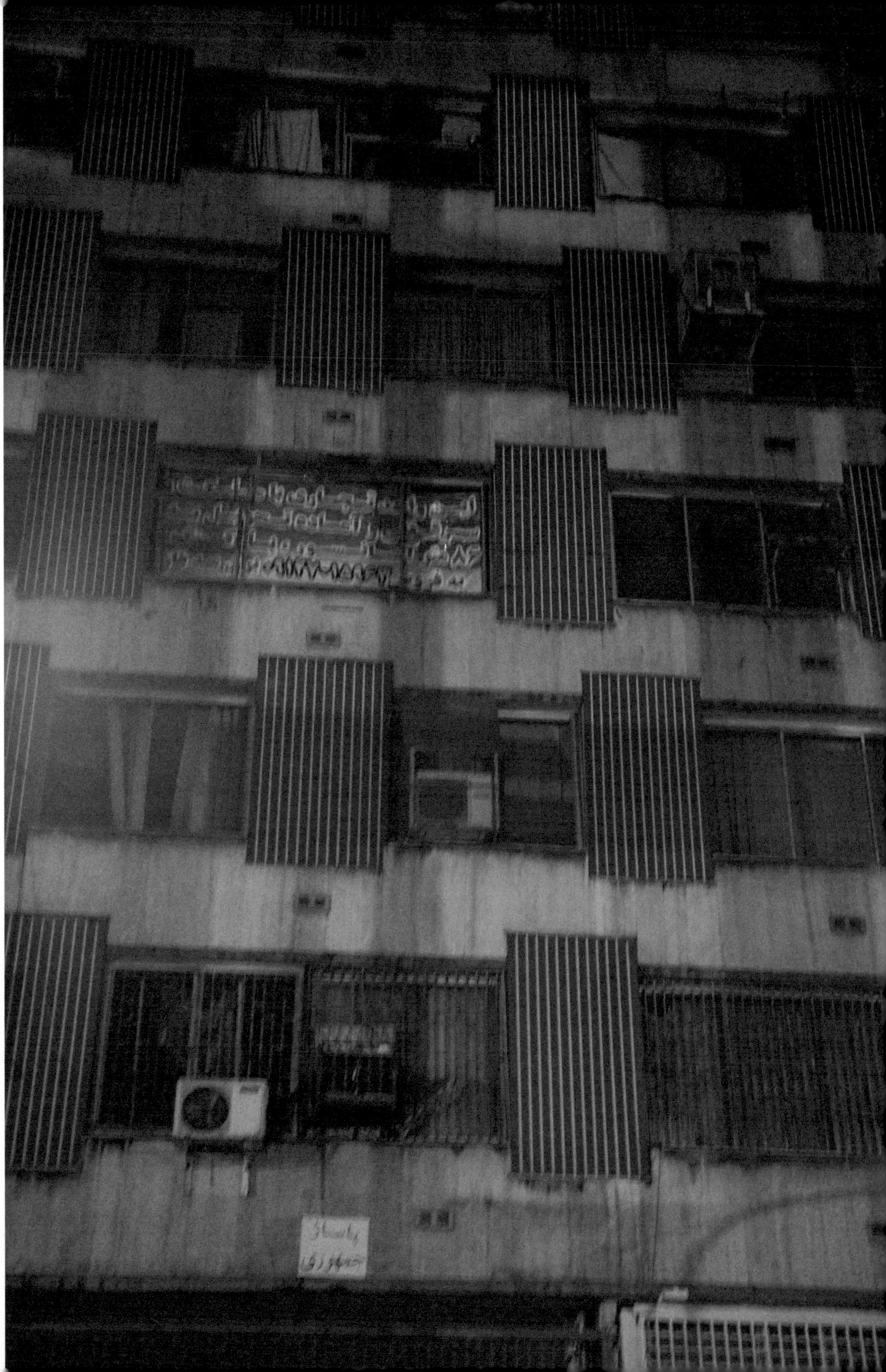

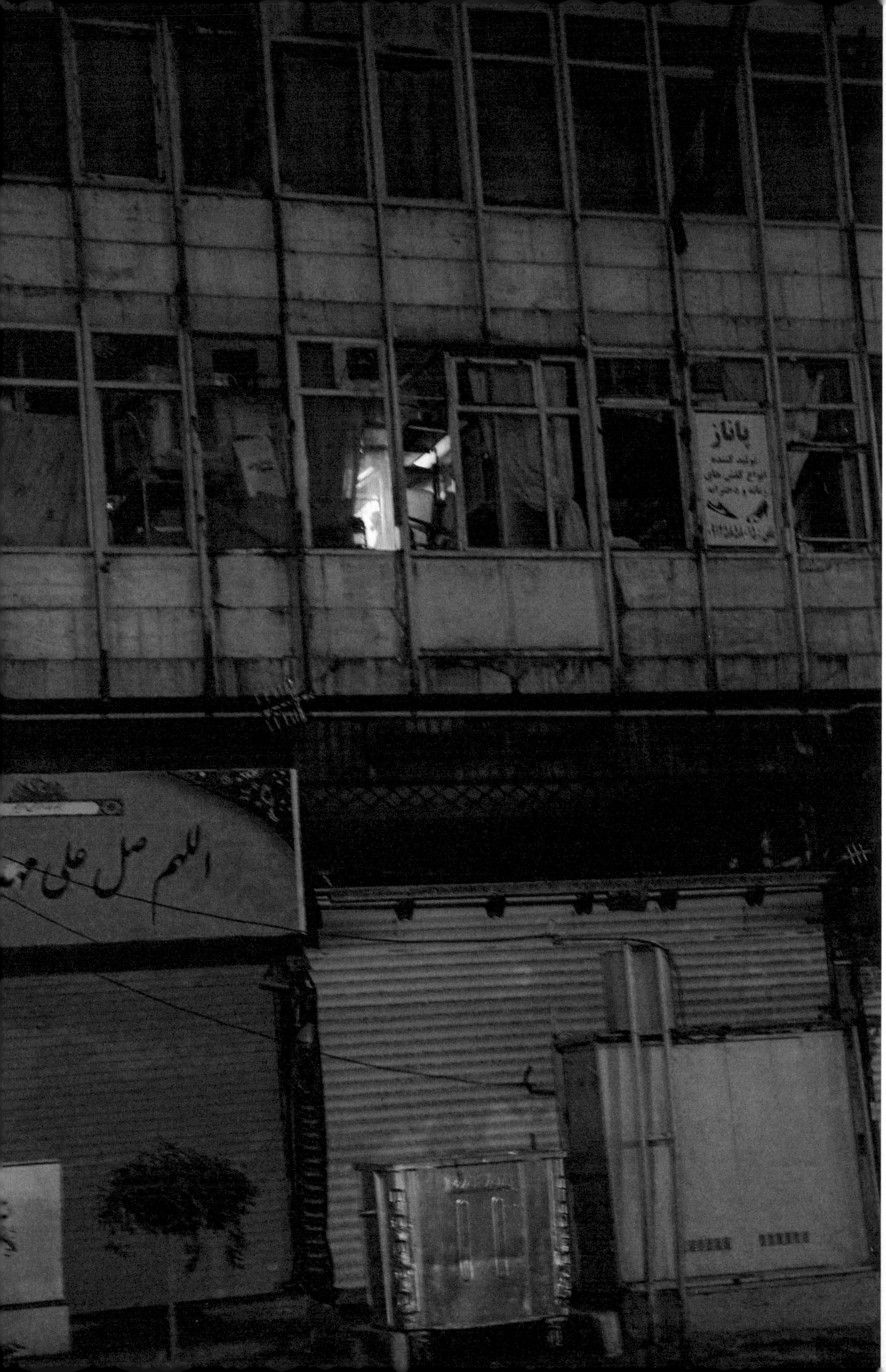

پاناز
اللهم صل علی

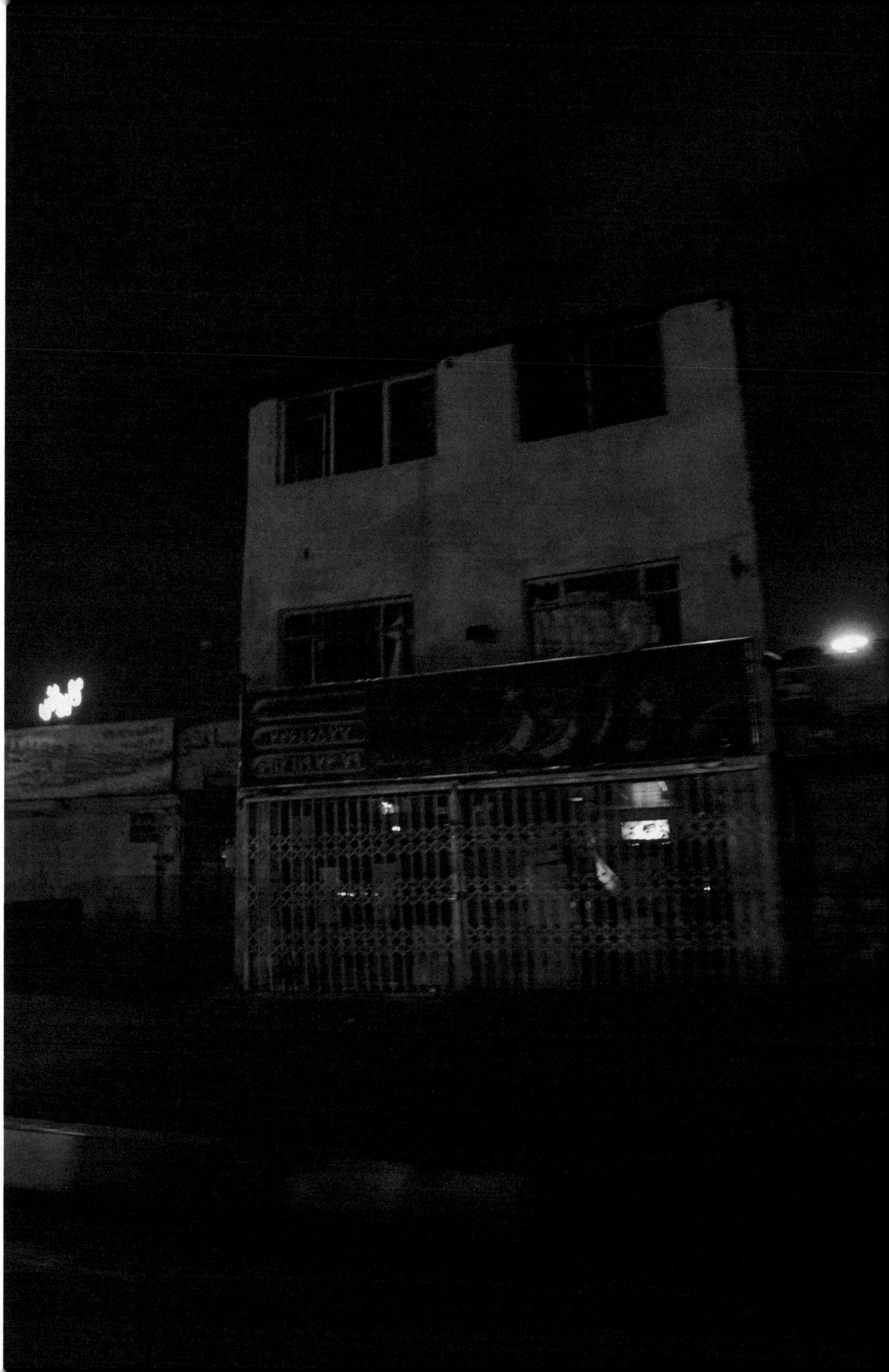

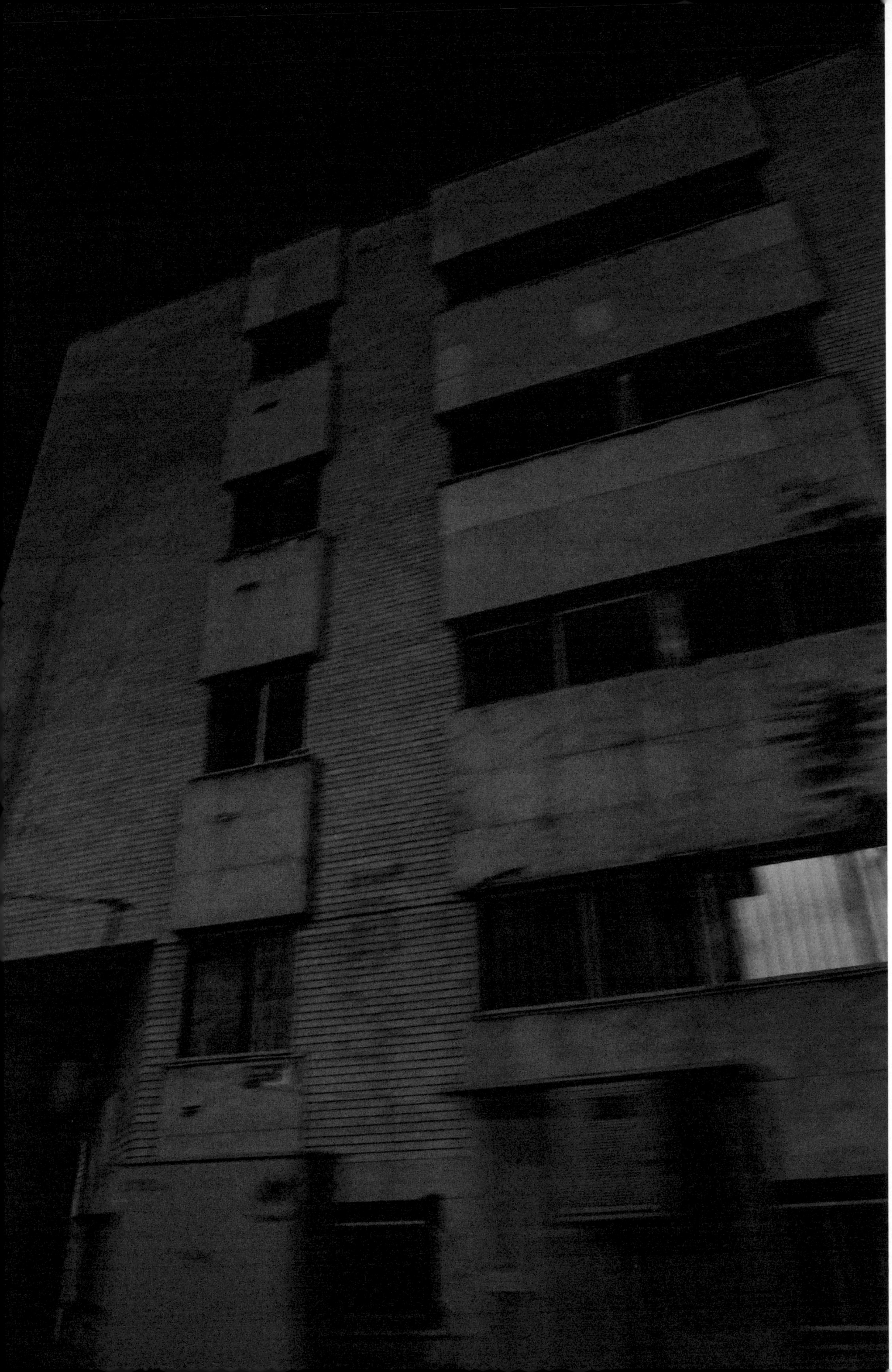

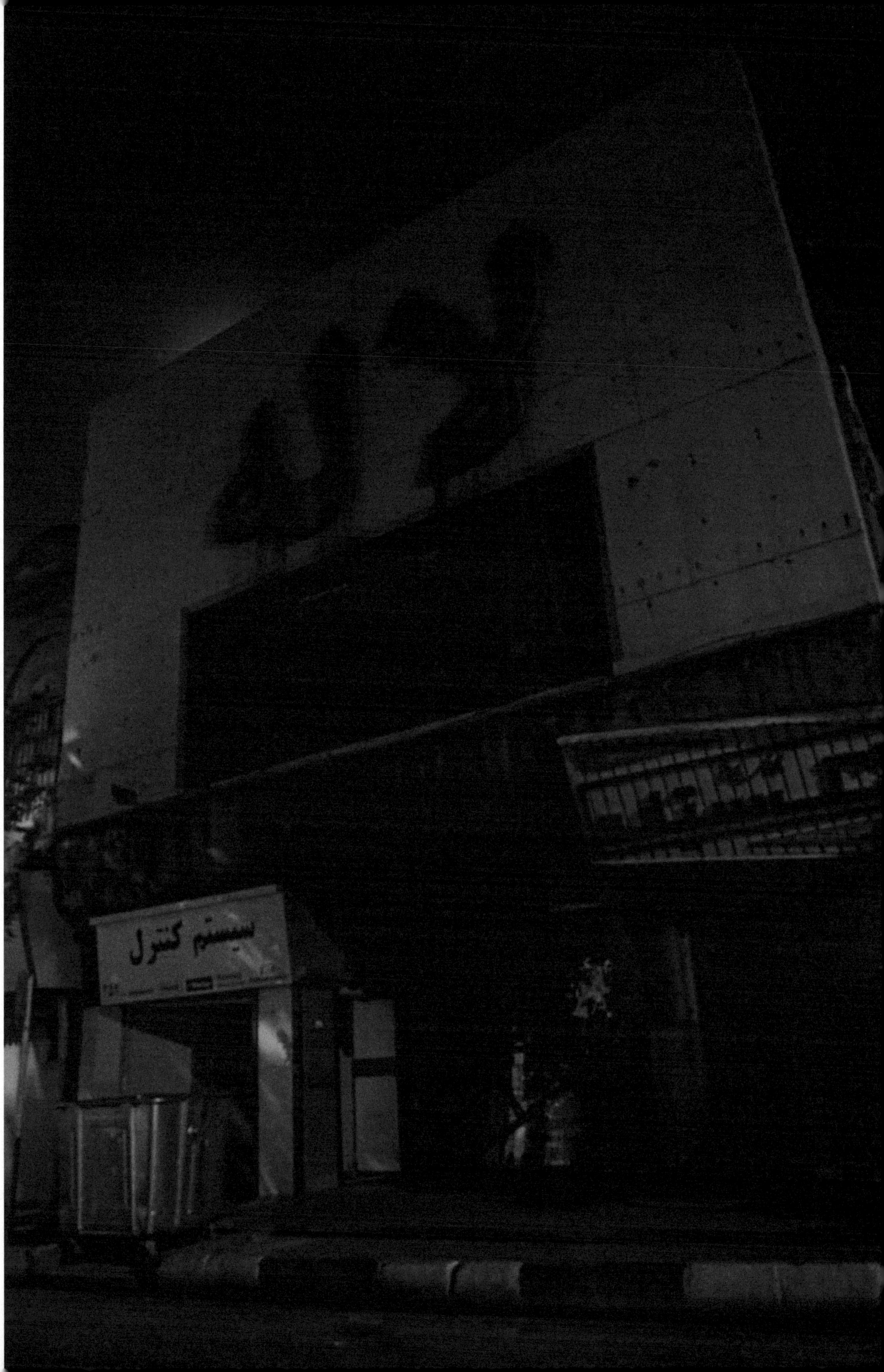
سیستم کنترل

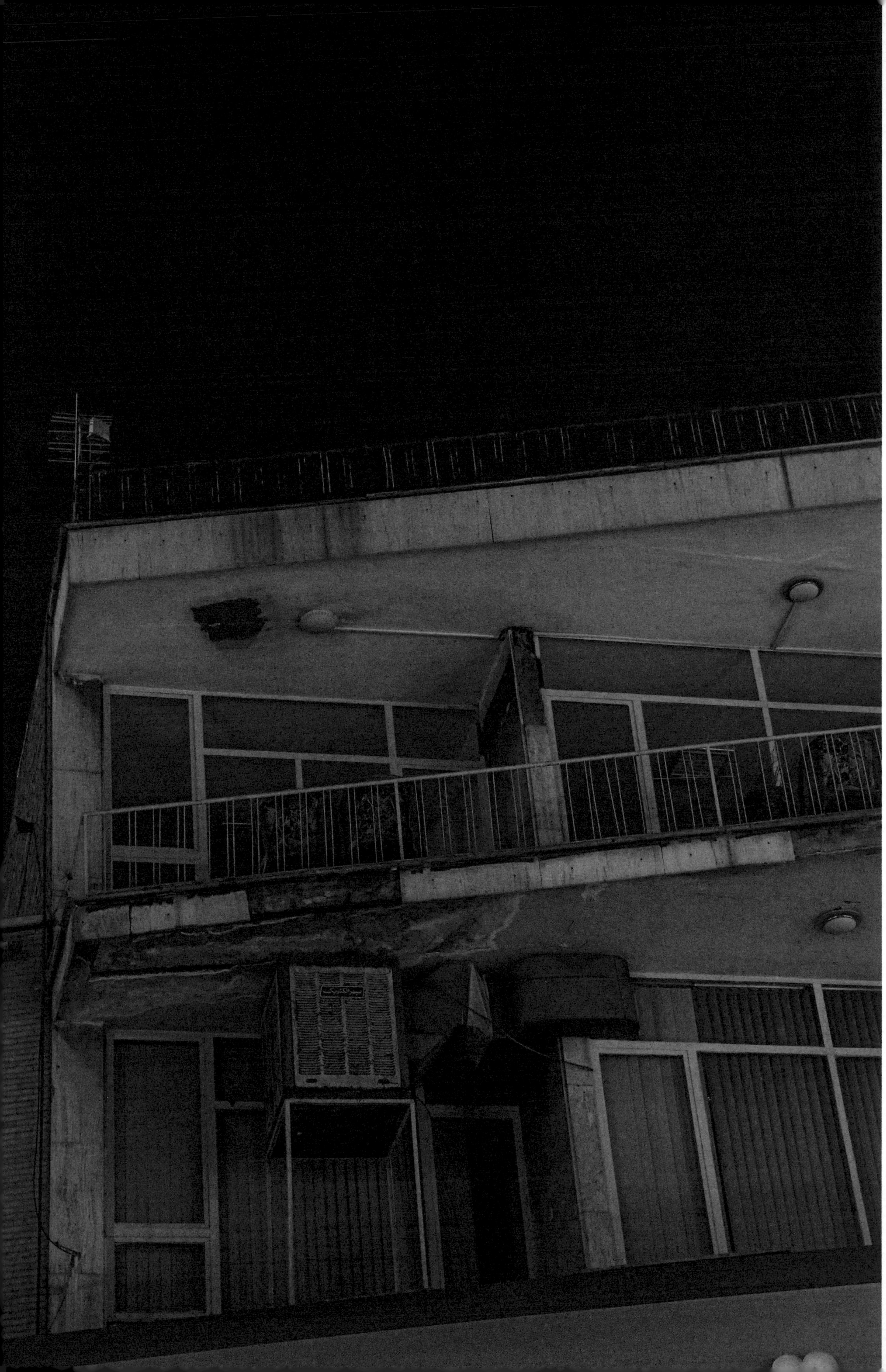

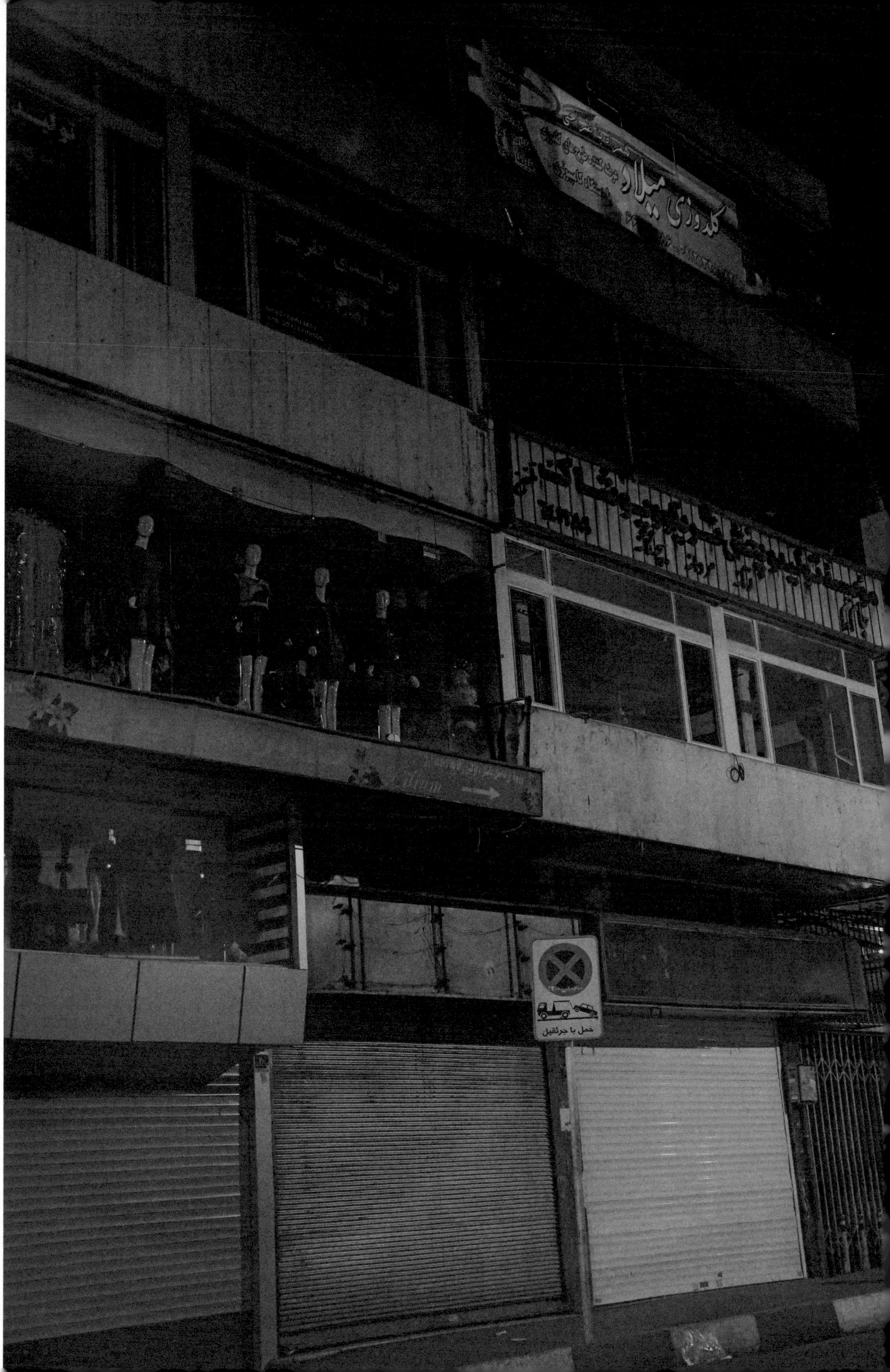
حمل با جرثقیل

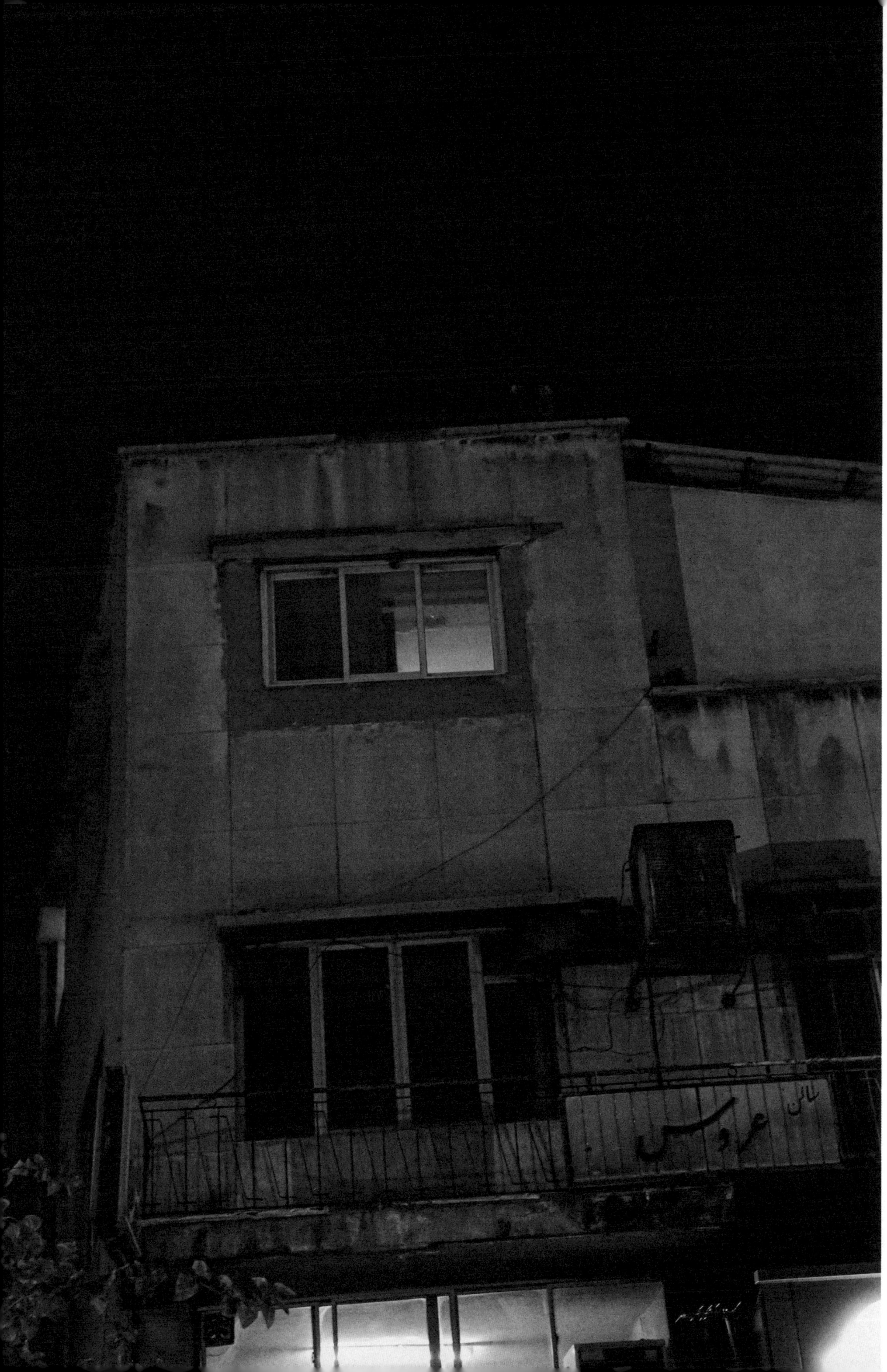

سالن عروس

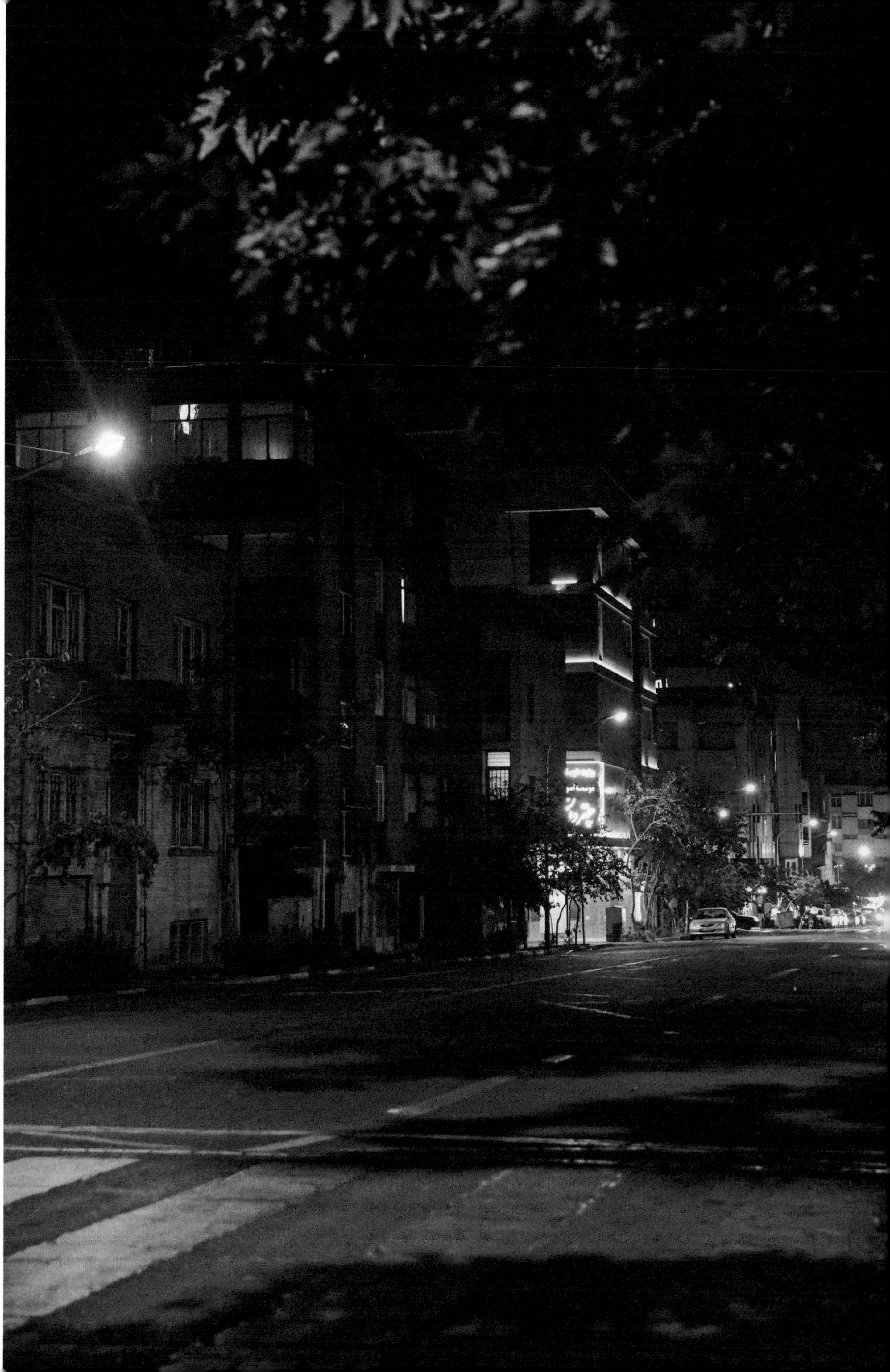

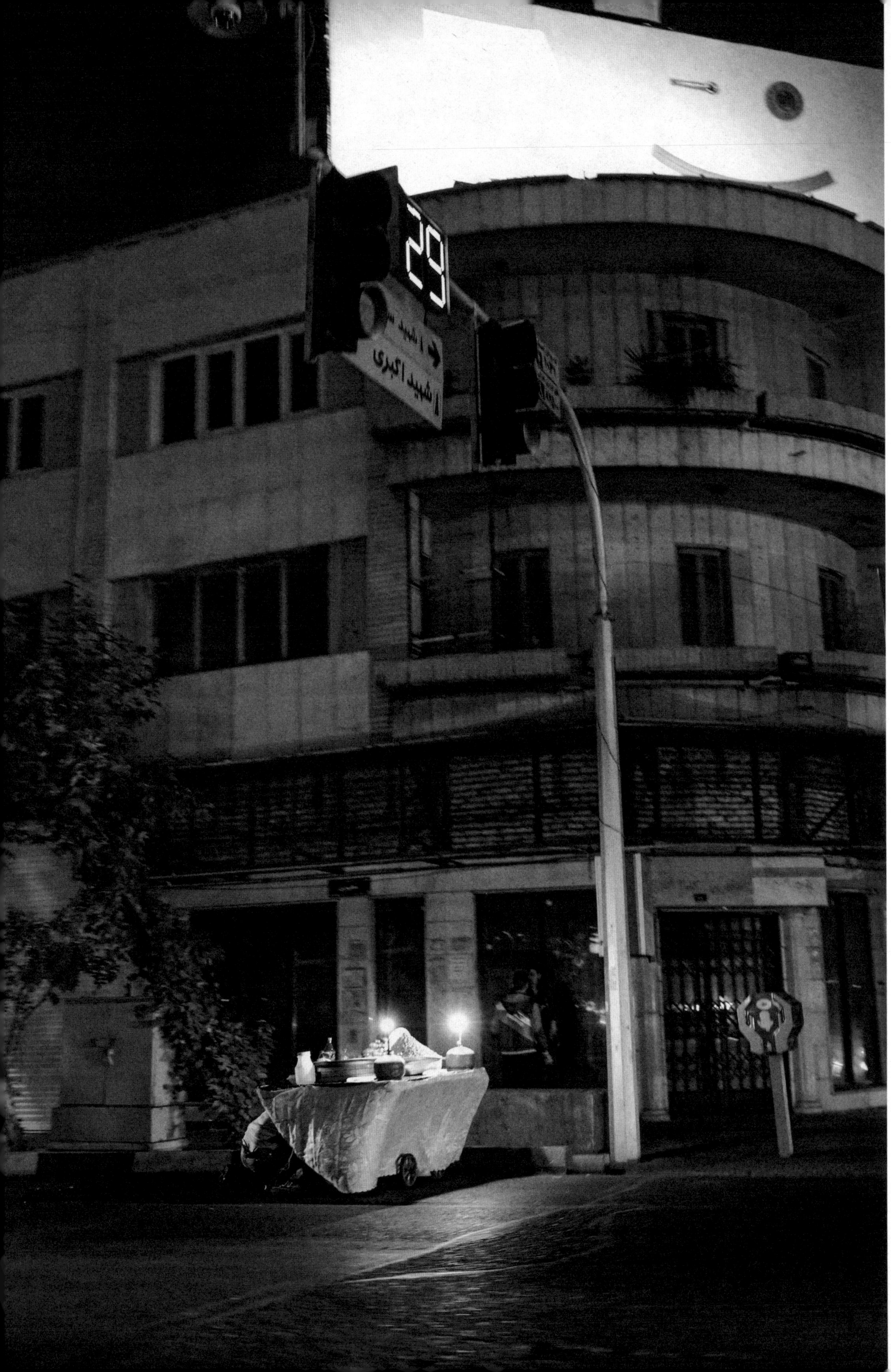
29
شهید اکبری

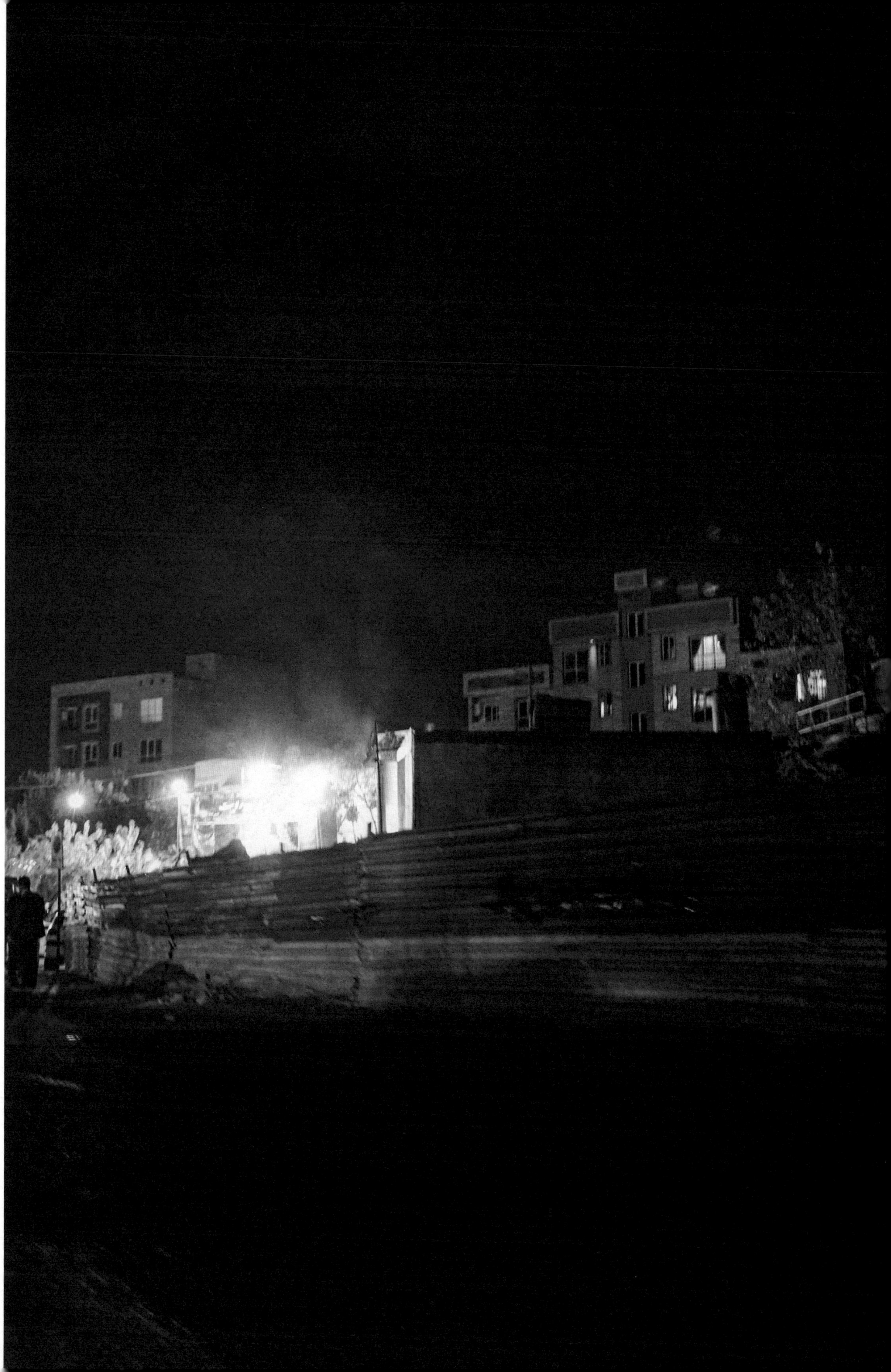

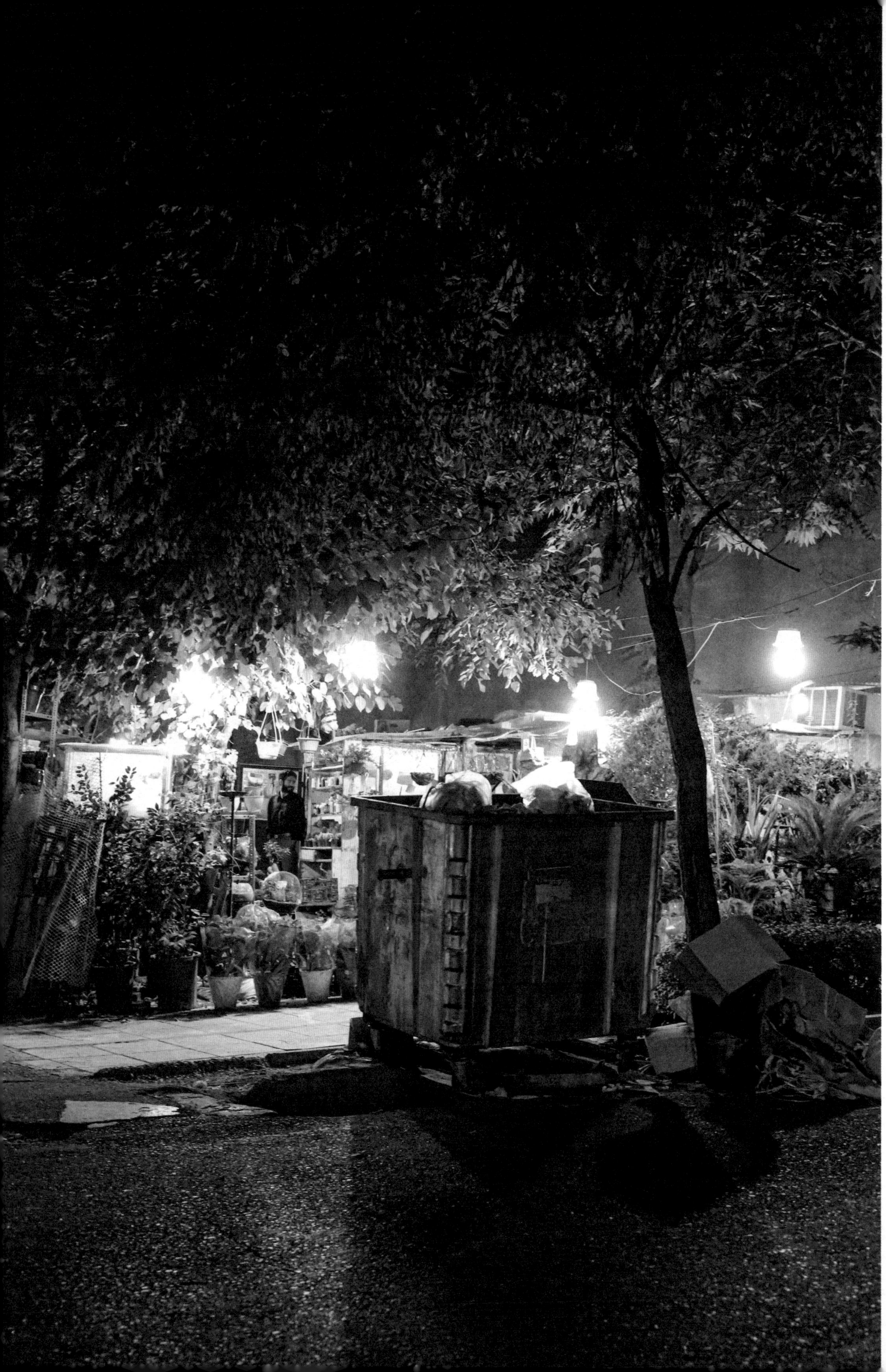

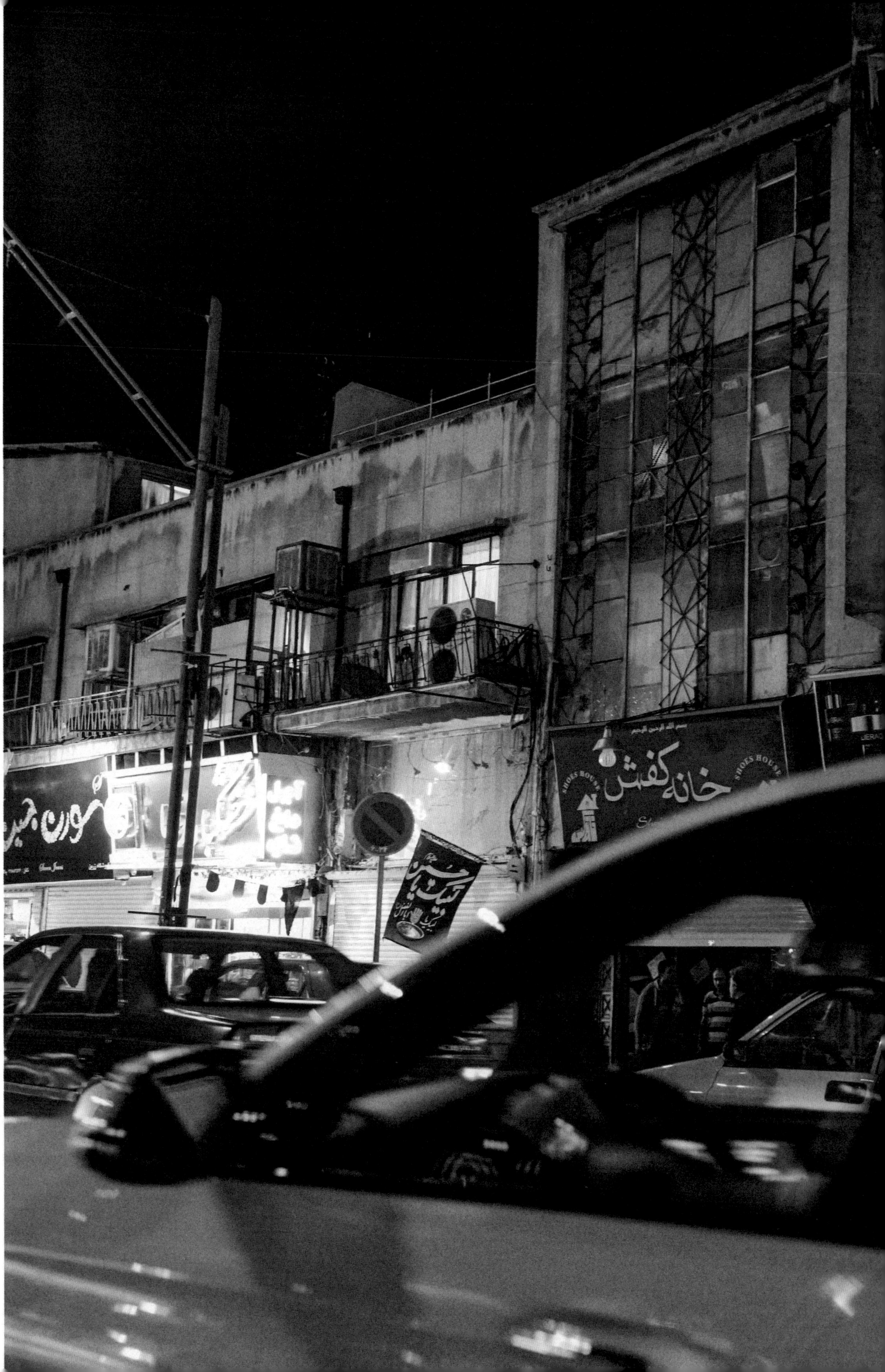
خانه کفش
SHOES HOUSE

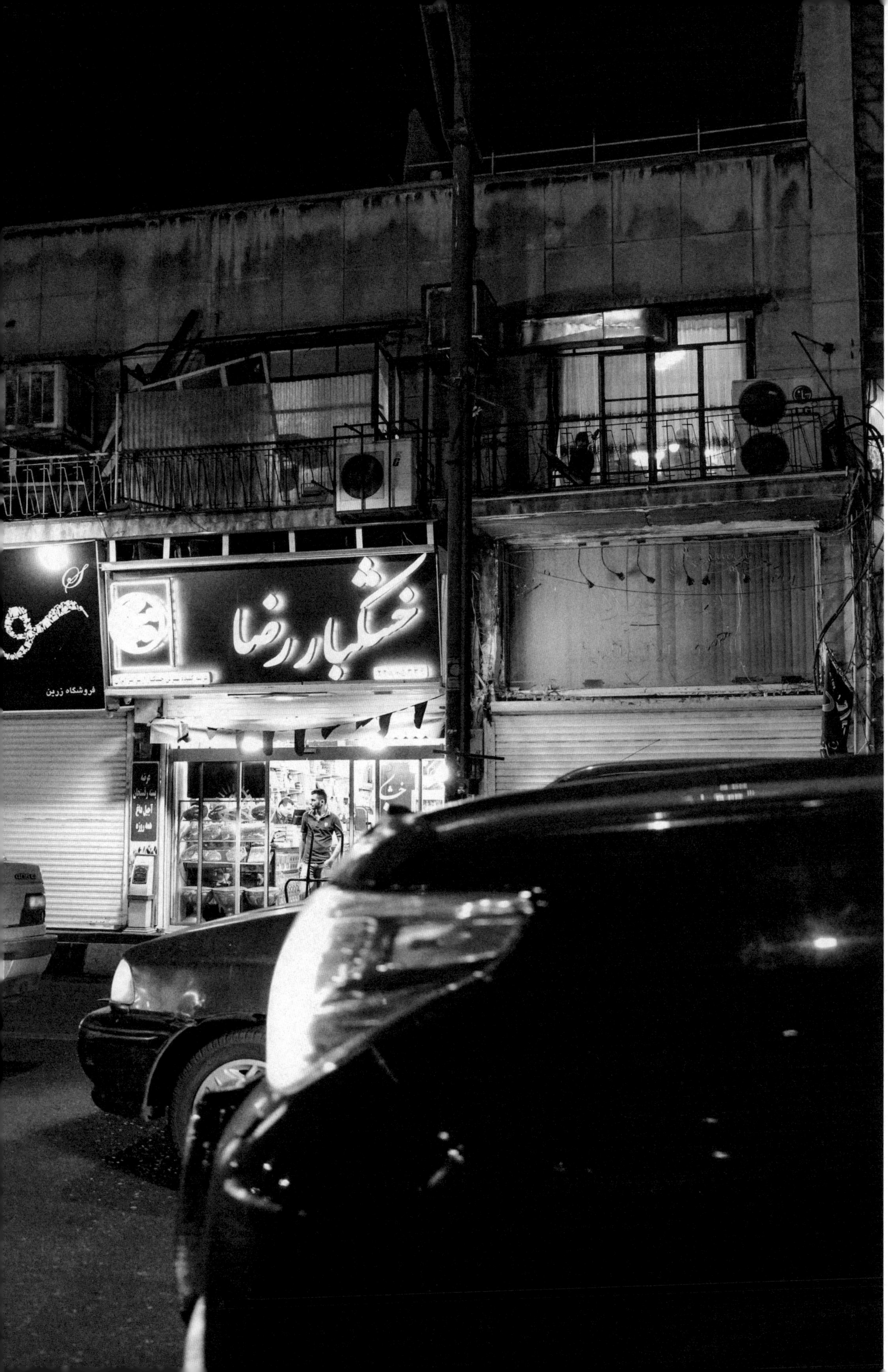
خشکبار رضا
فروشگاه زرین

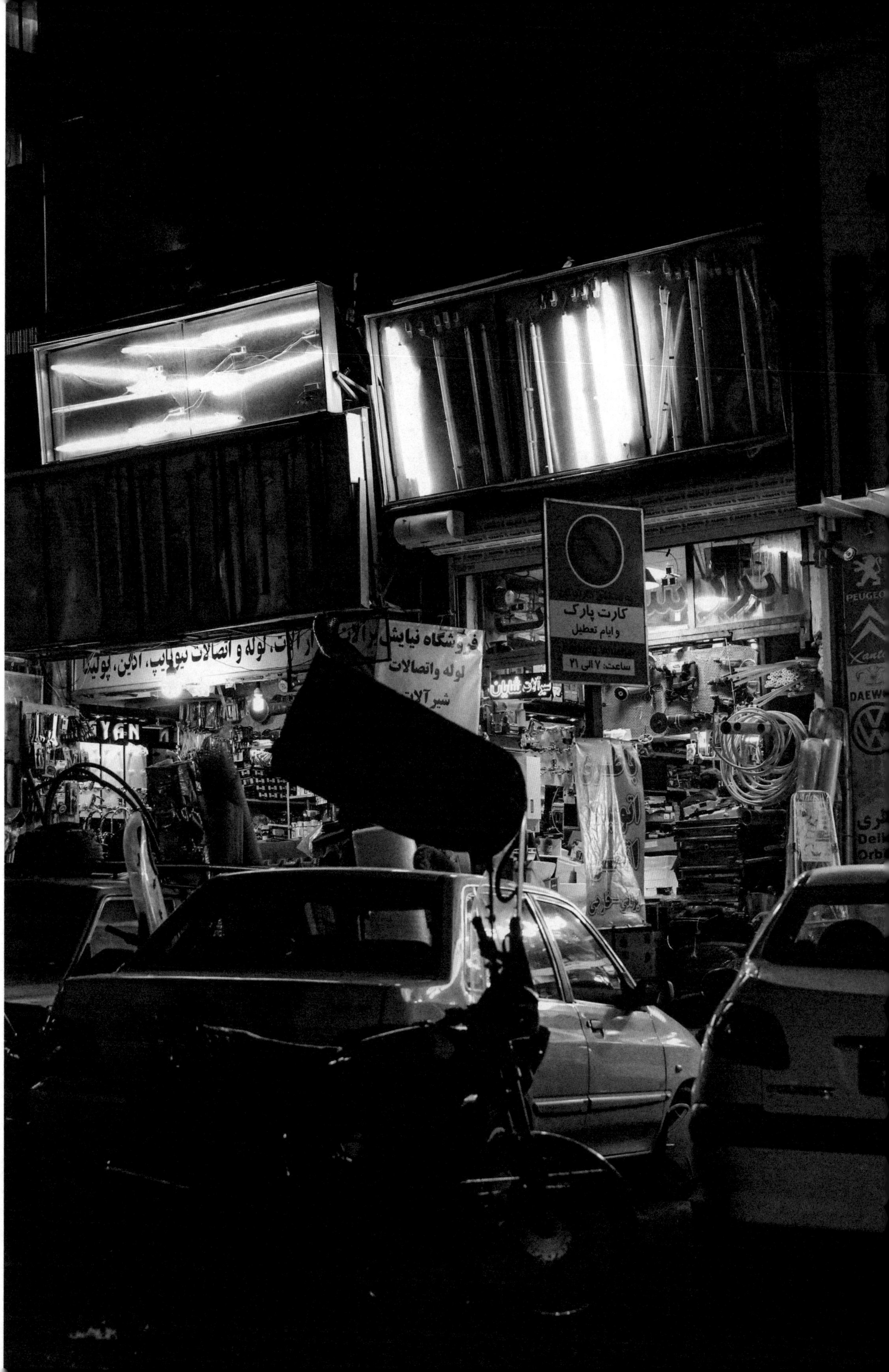

کارت پارک
و ایام تعطیل
ساعت: ۷ الی ۲۱
لوله واتصالات

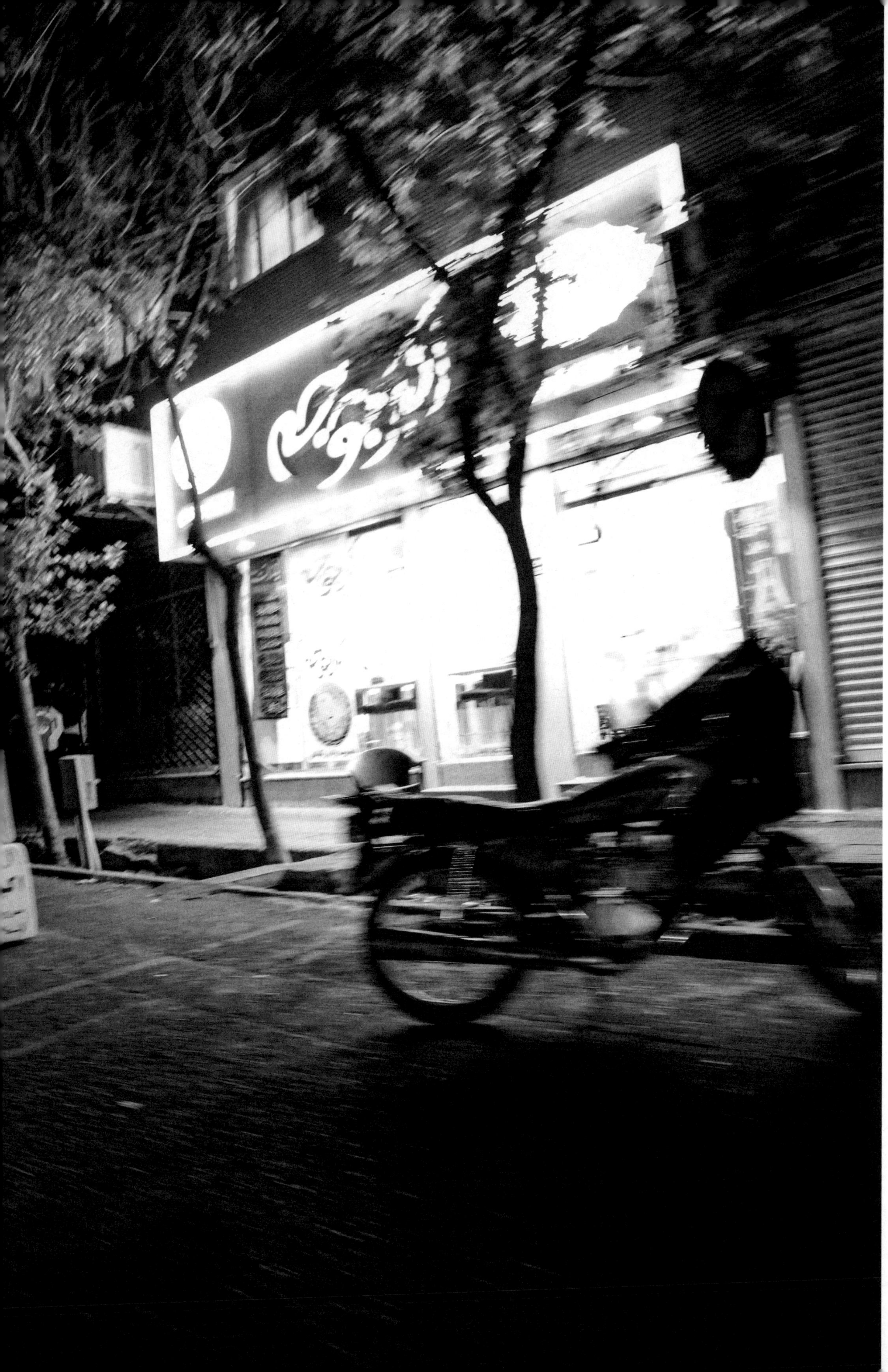

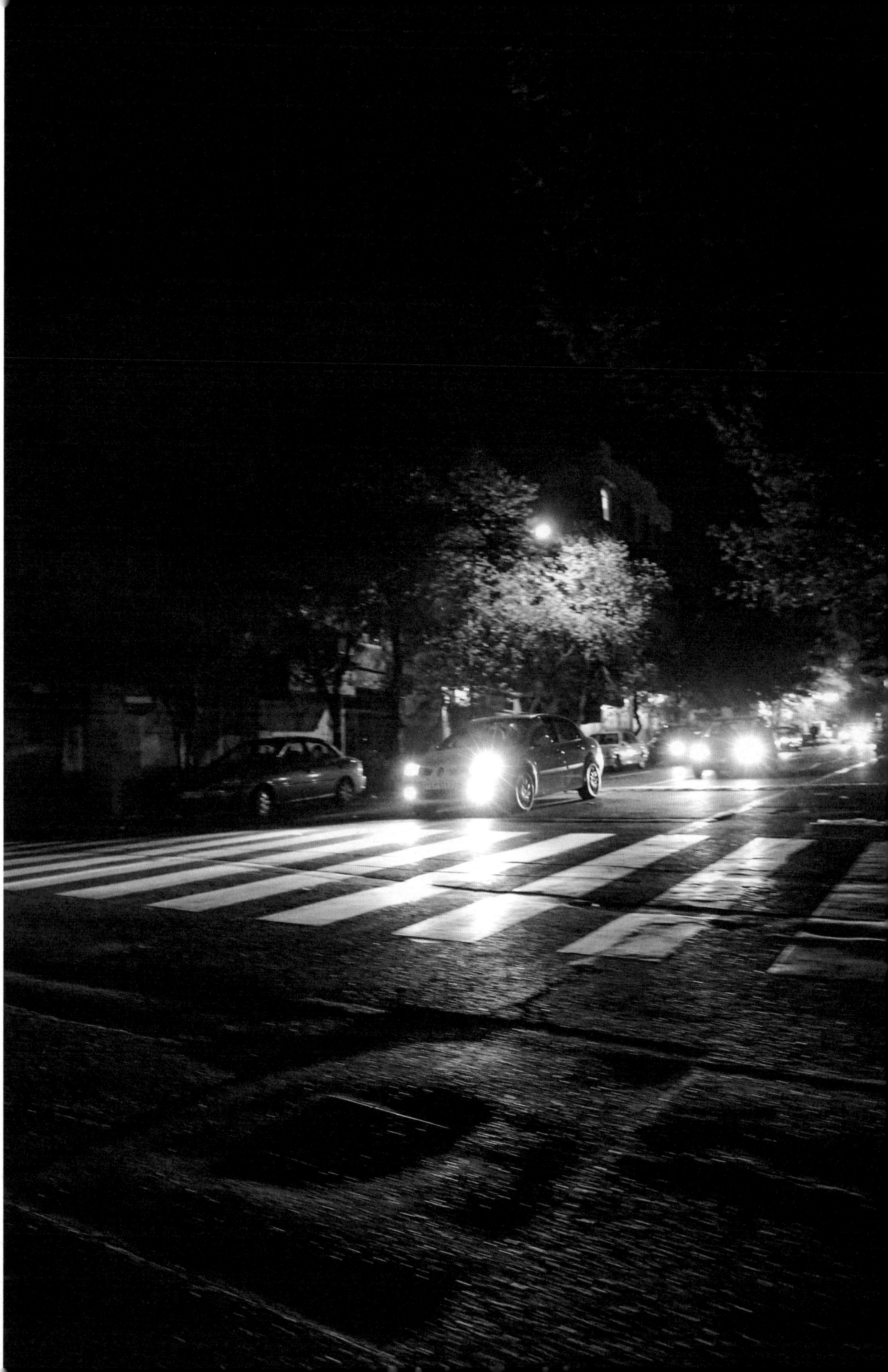

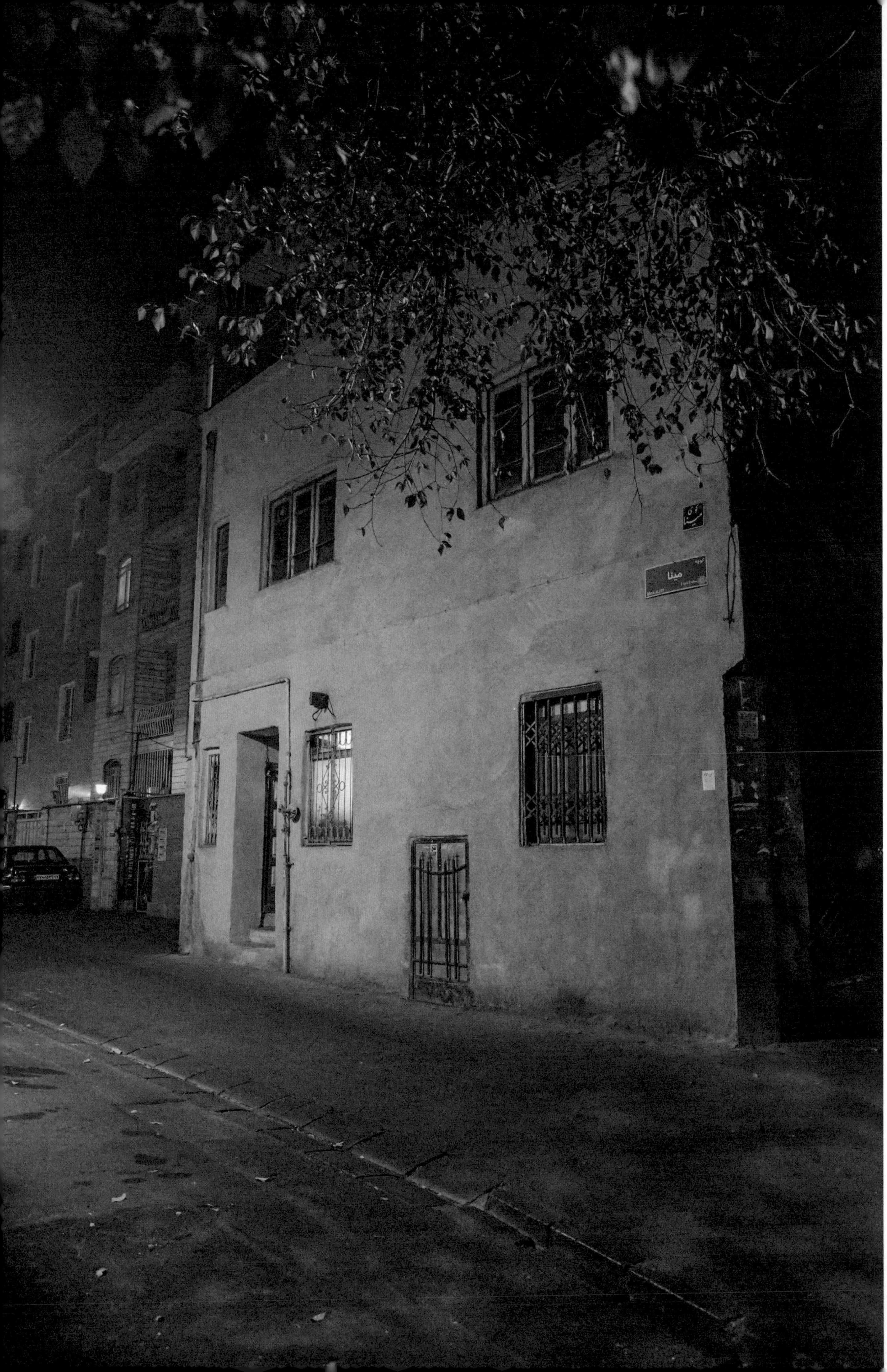
کوچه
مینا

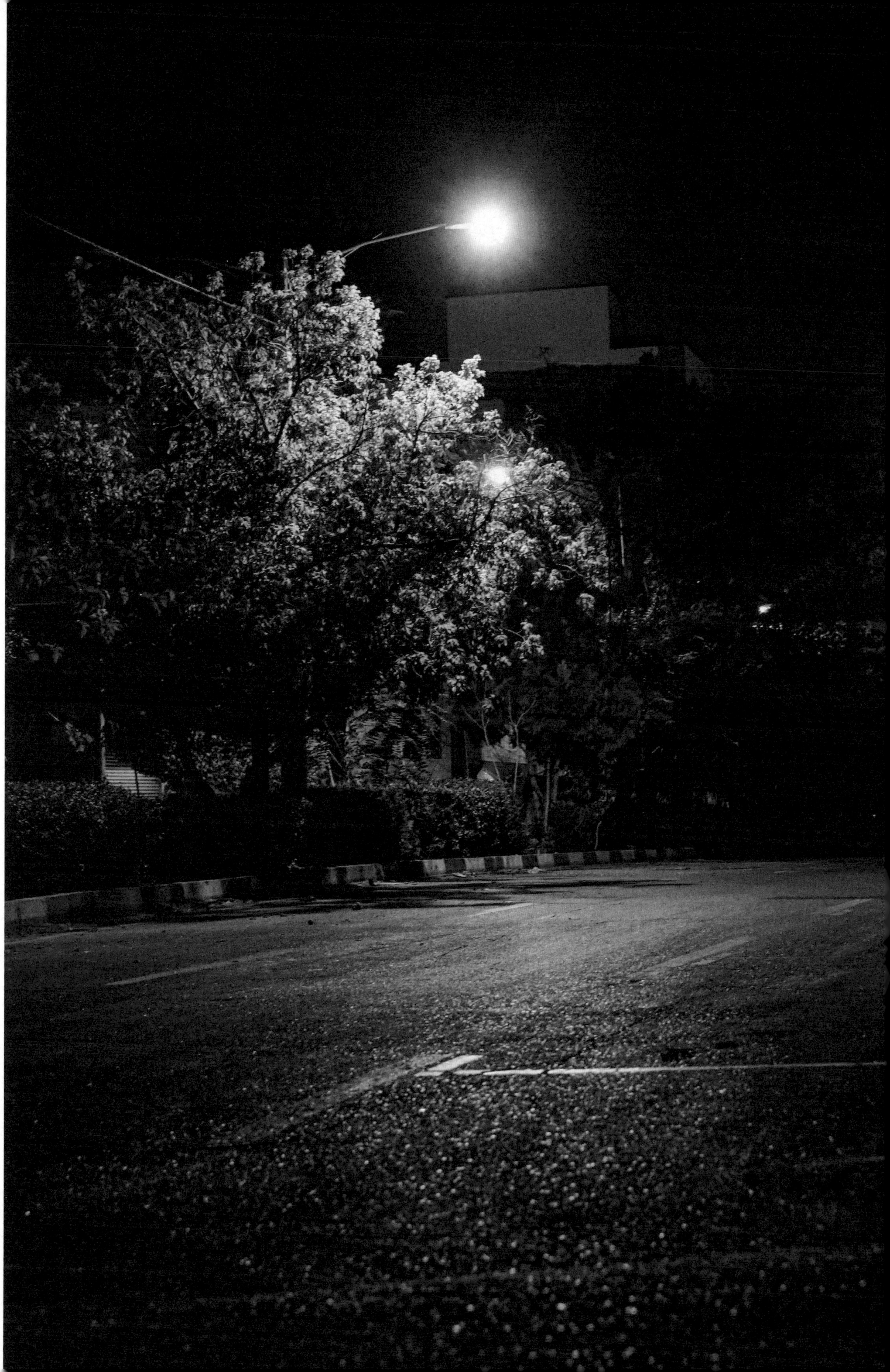

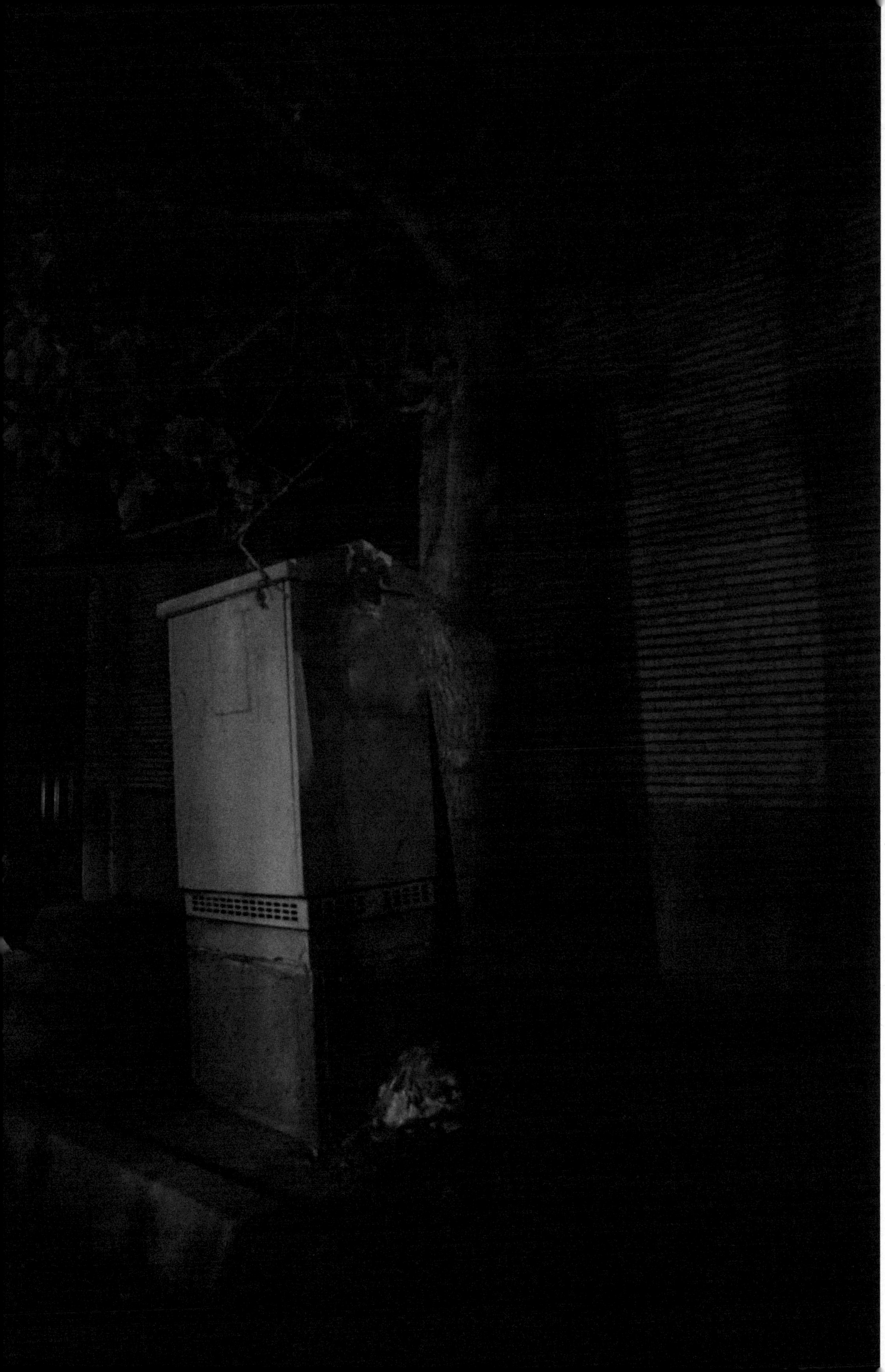

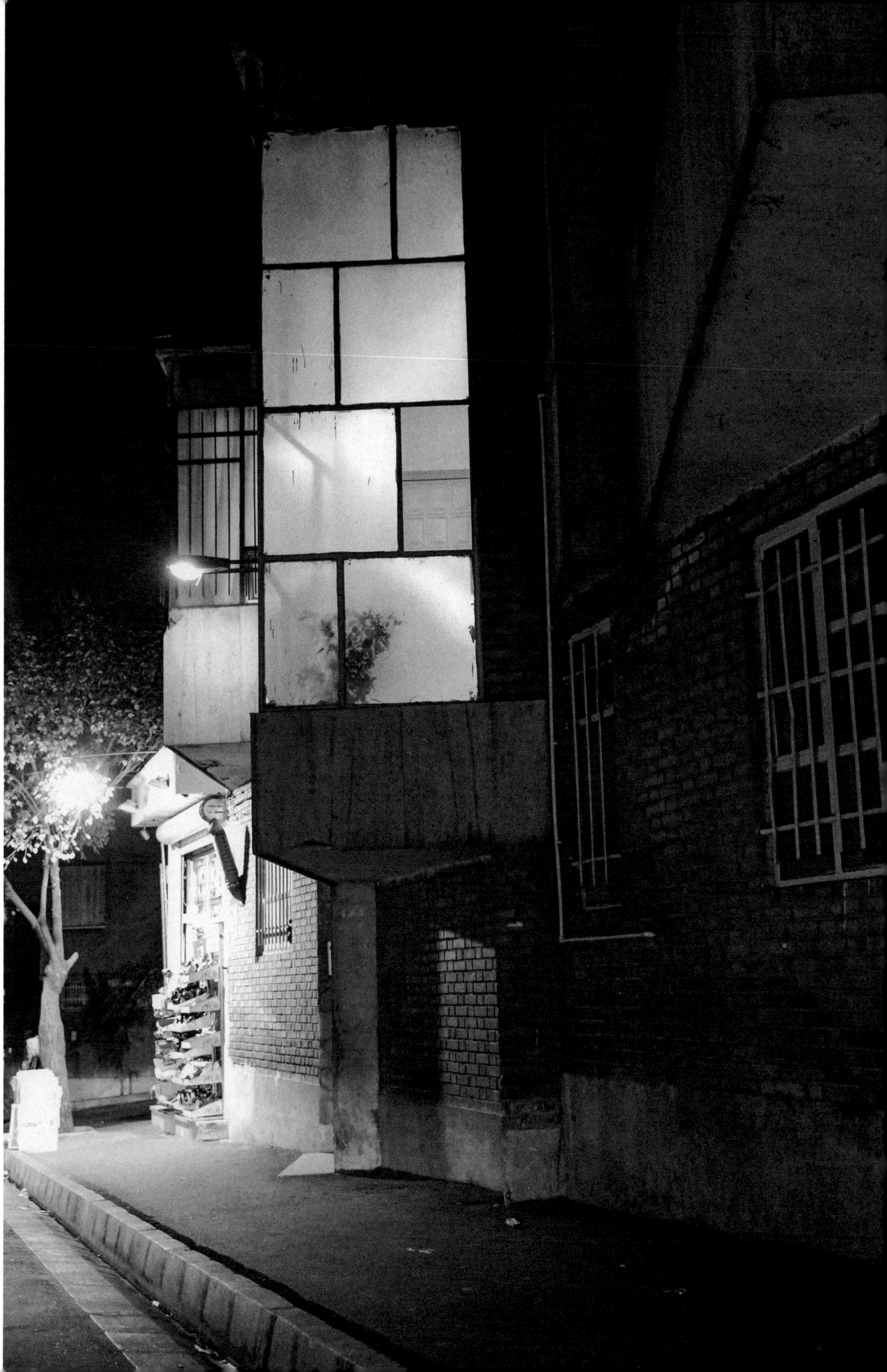

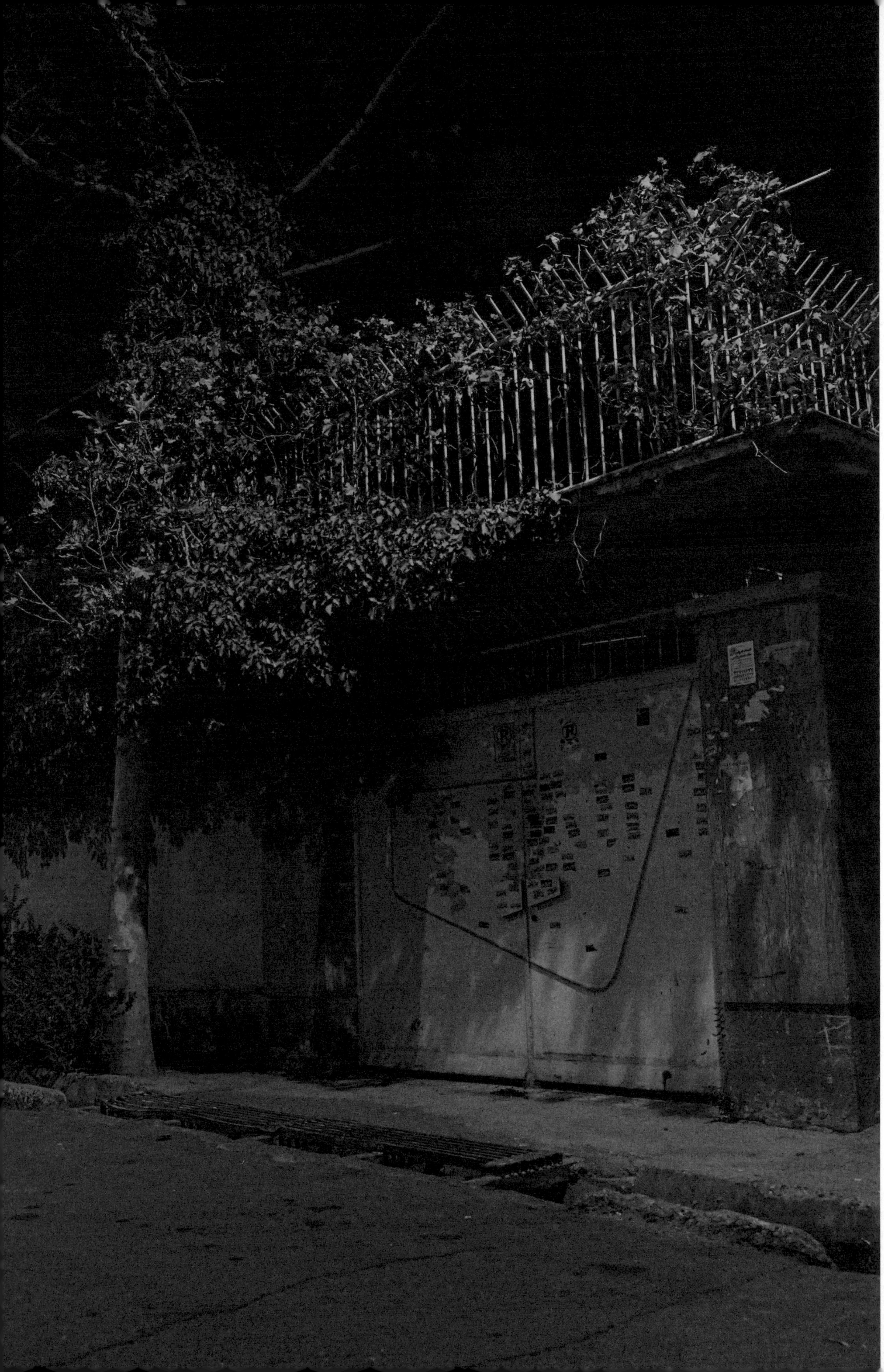

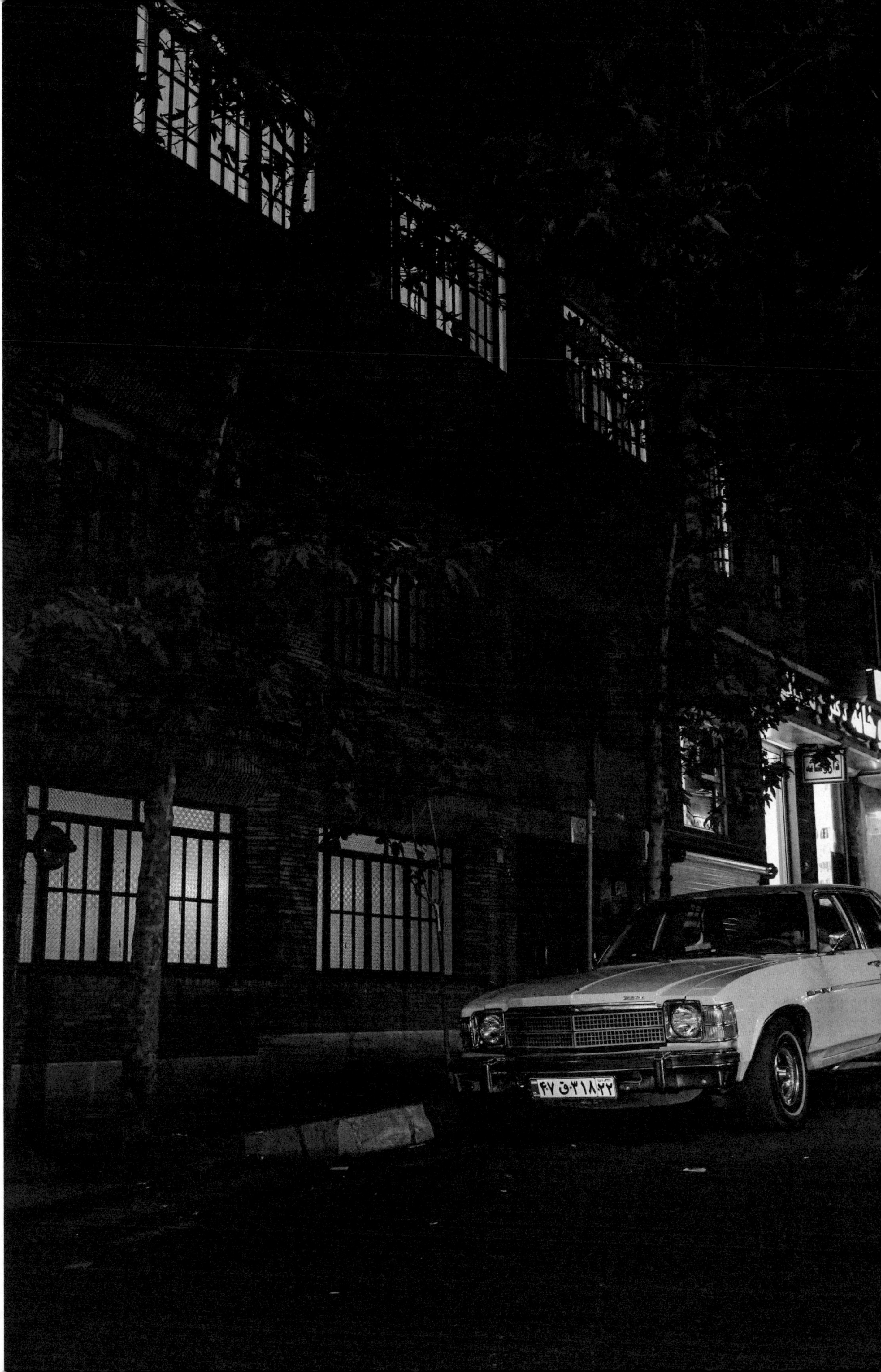

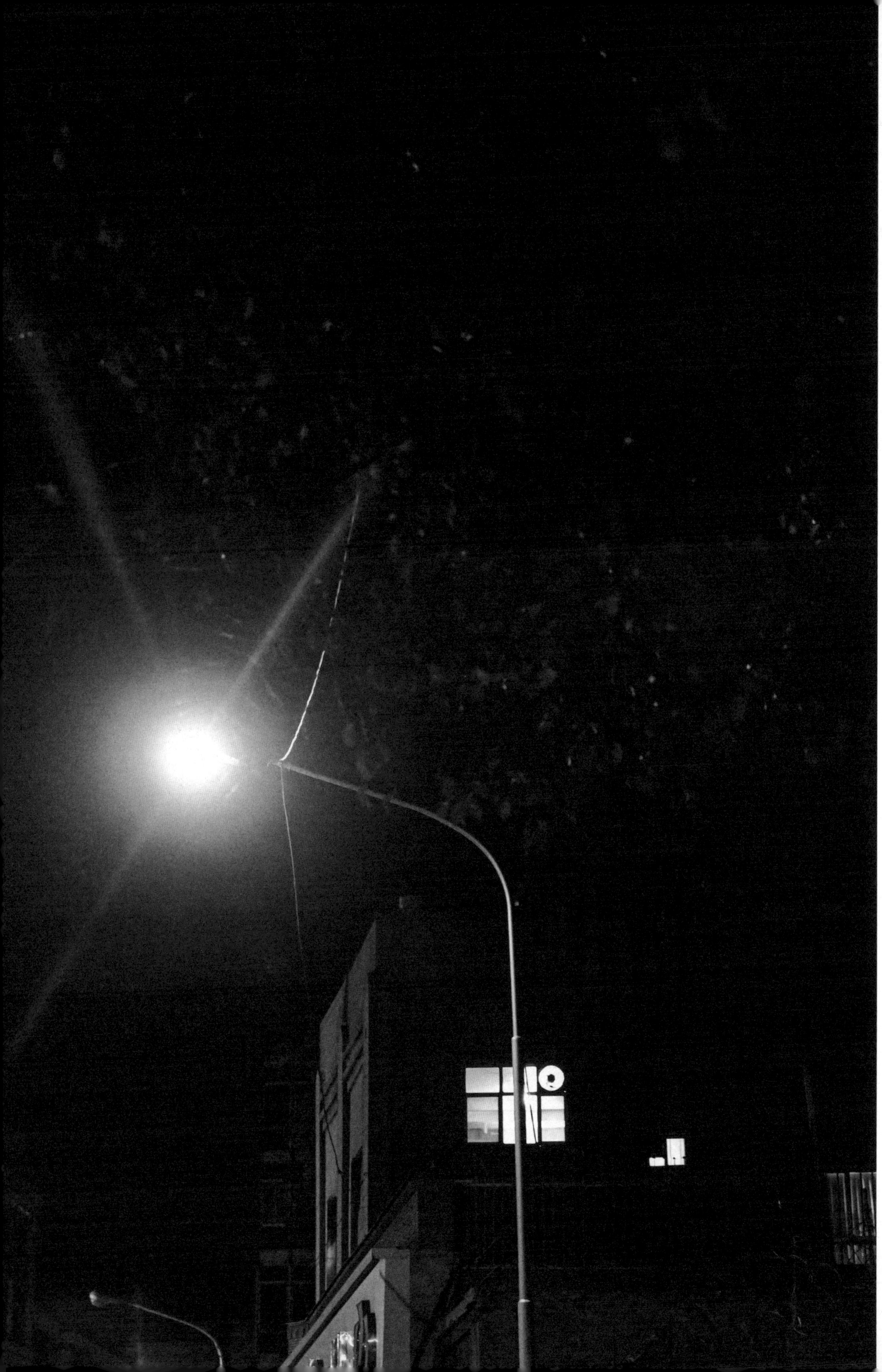

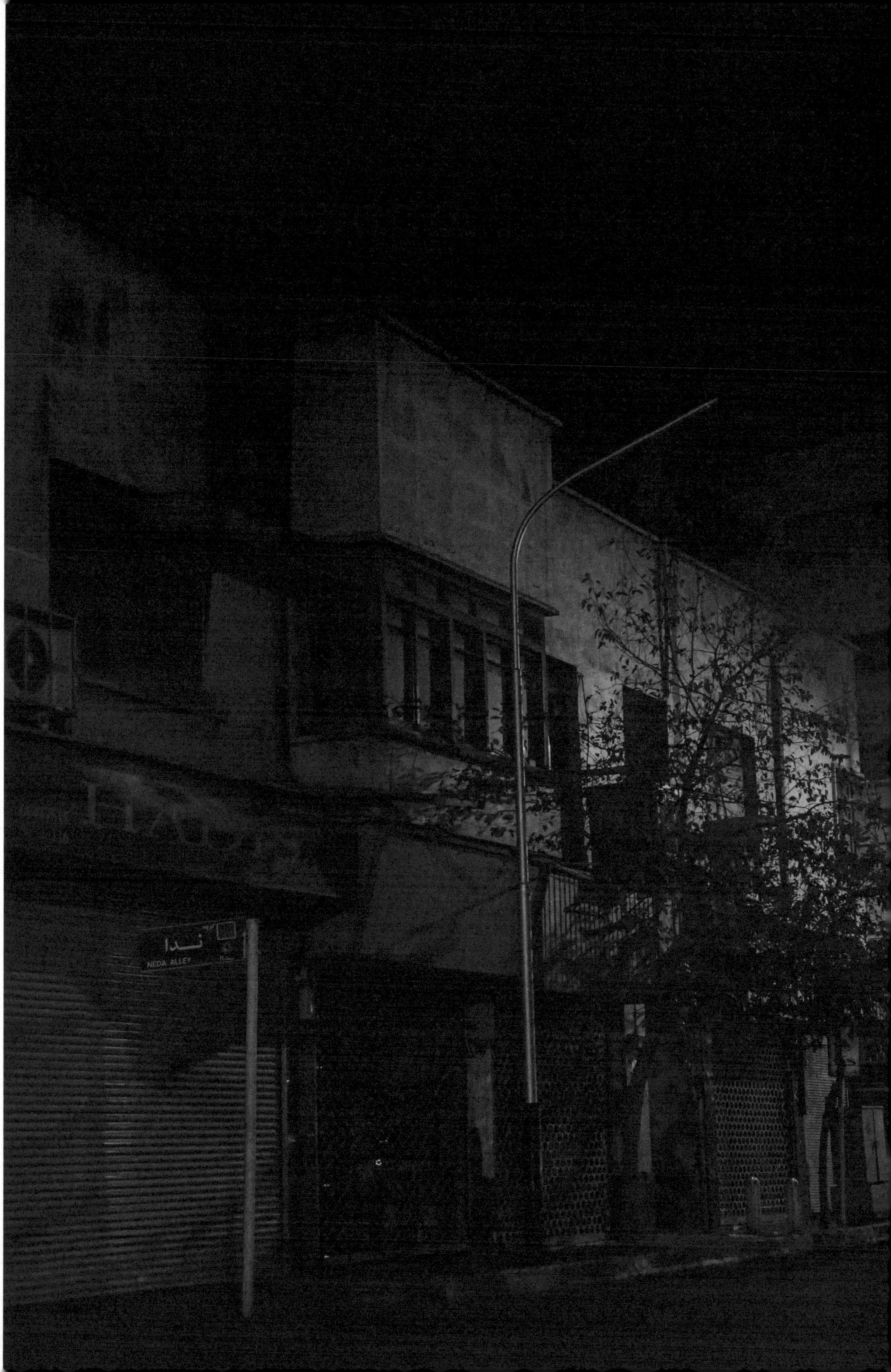
ندا
NEDA ALLEY

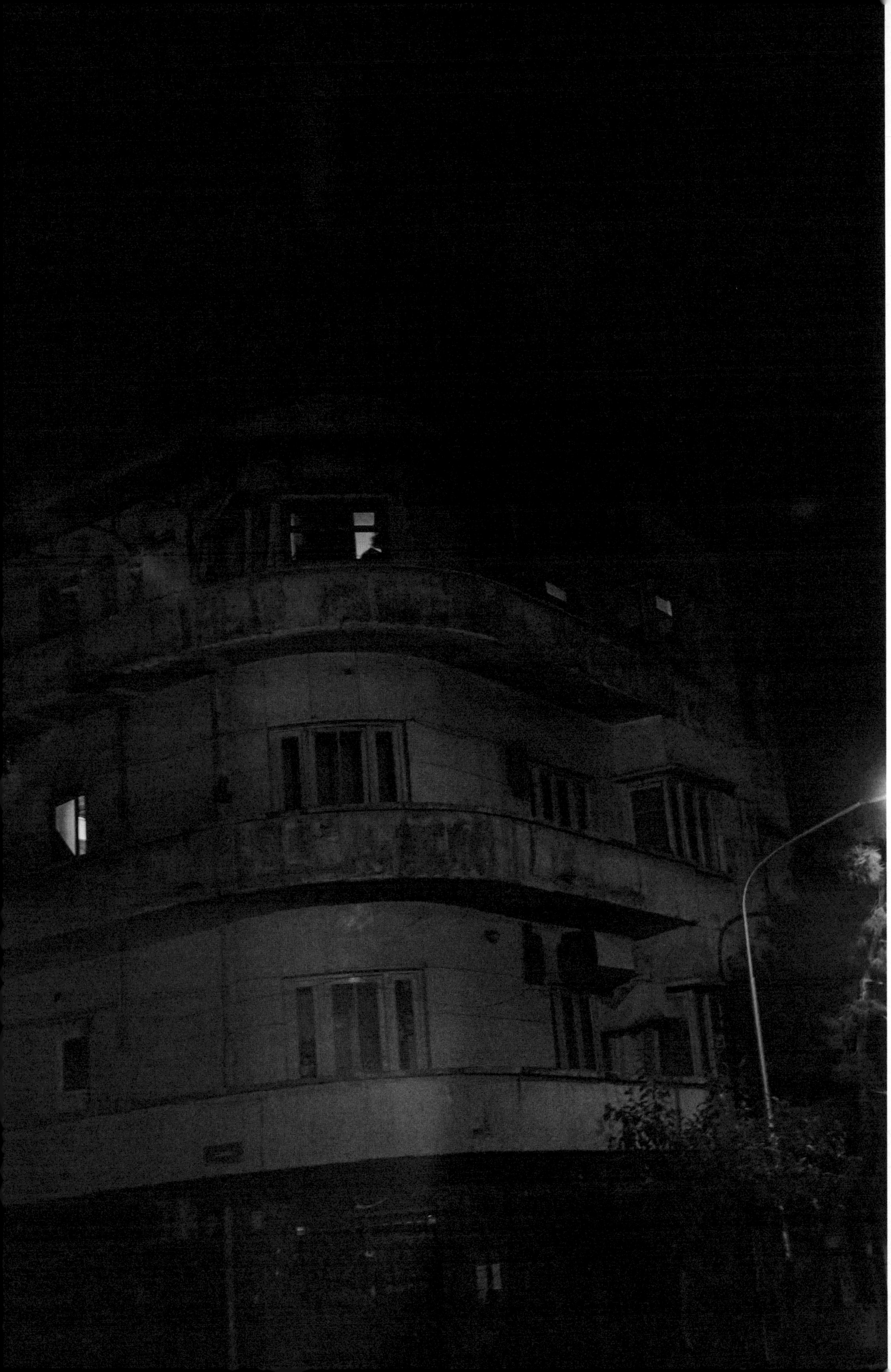

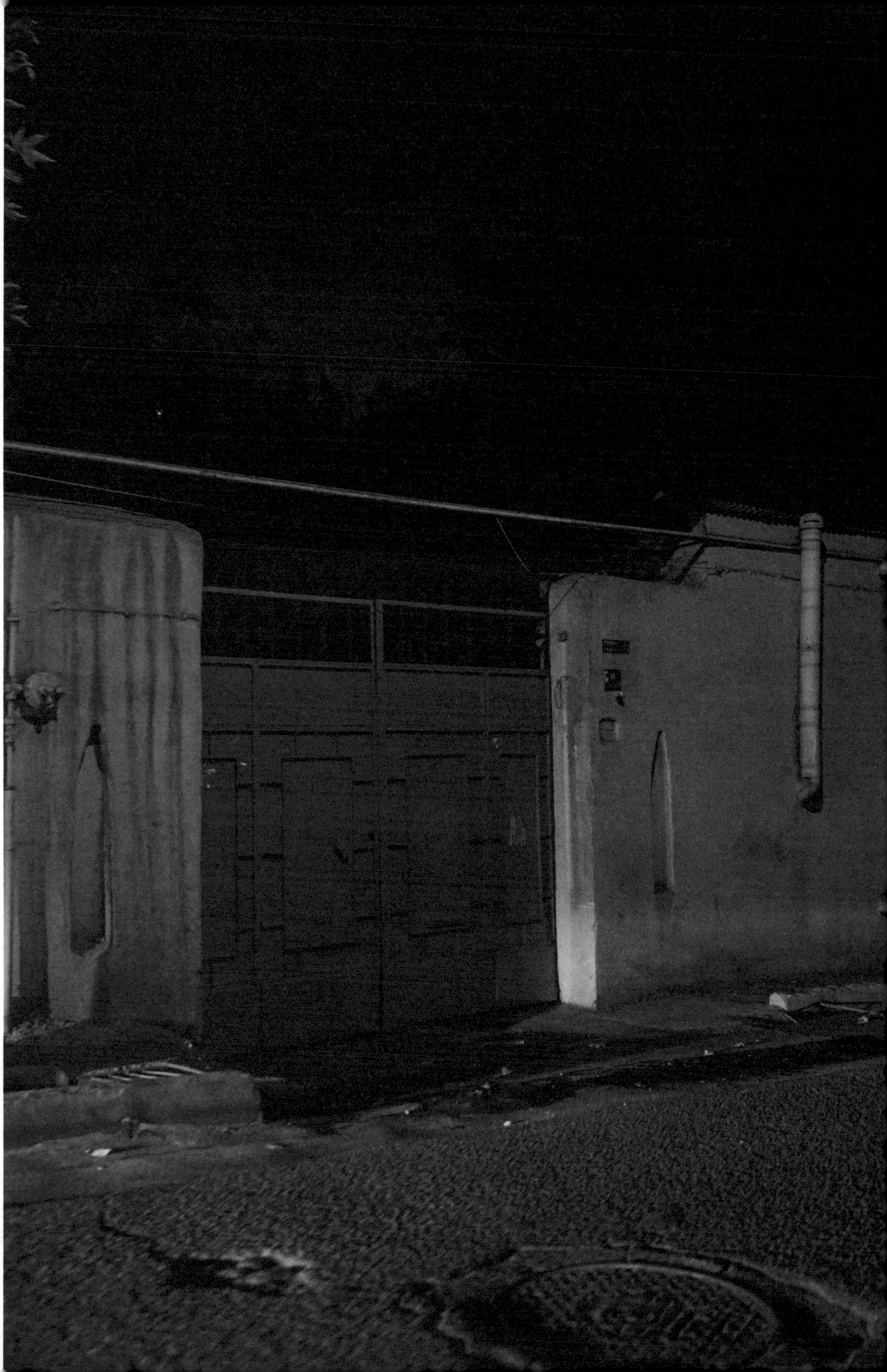

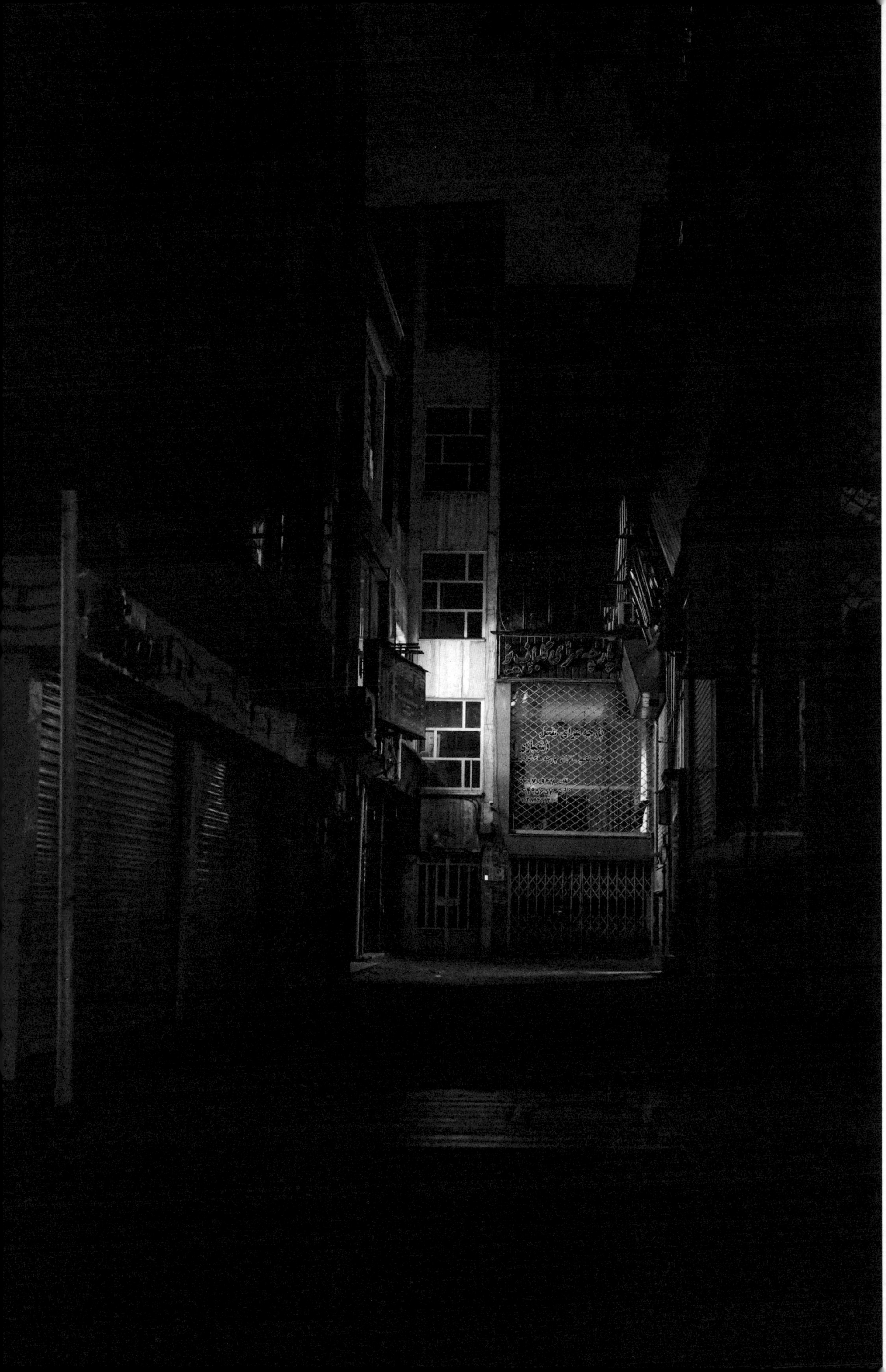

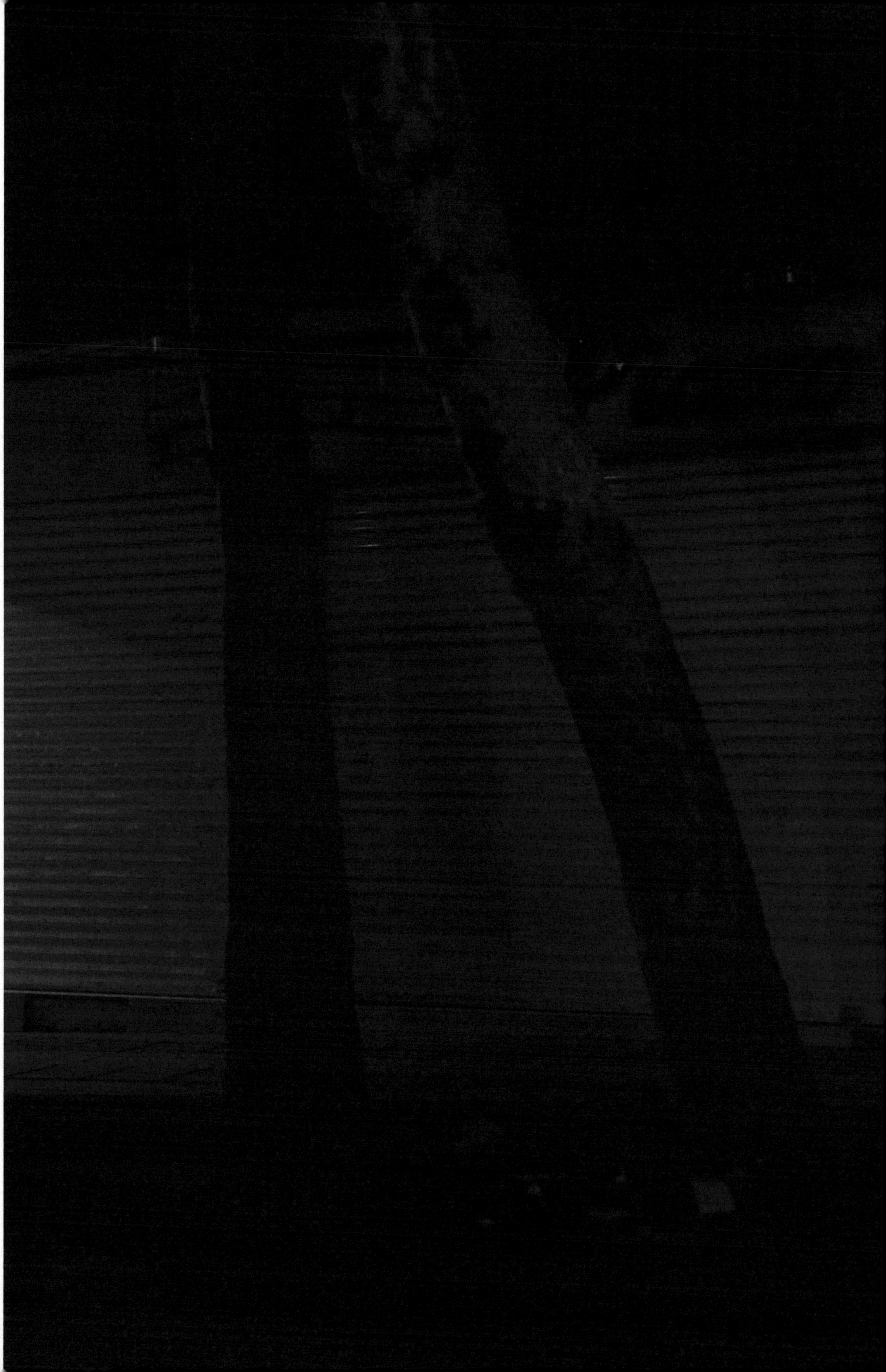

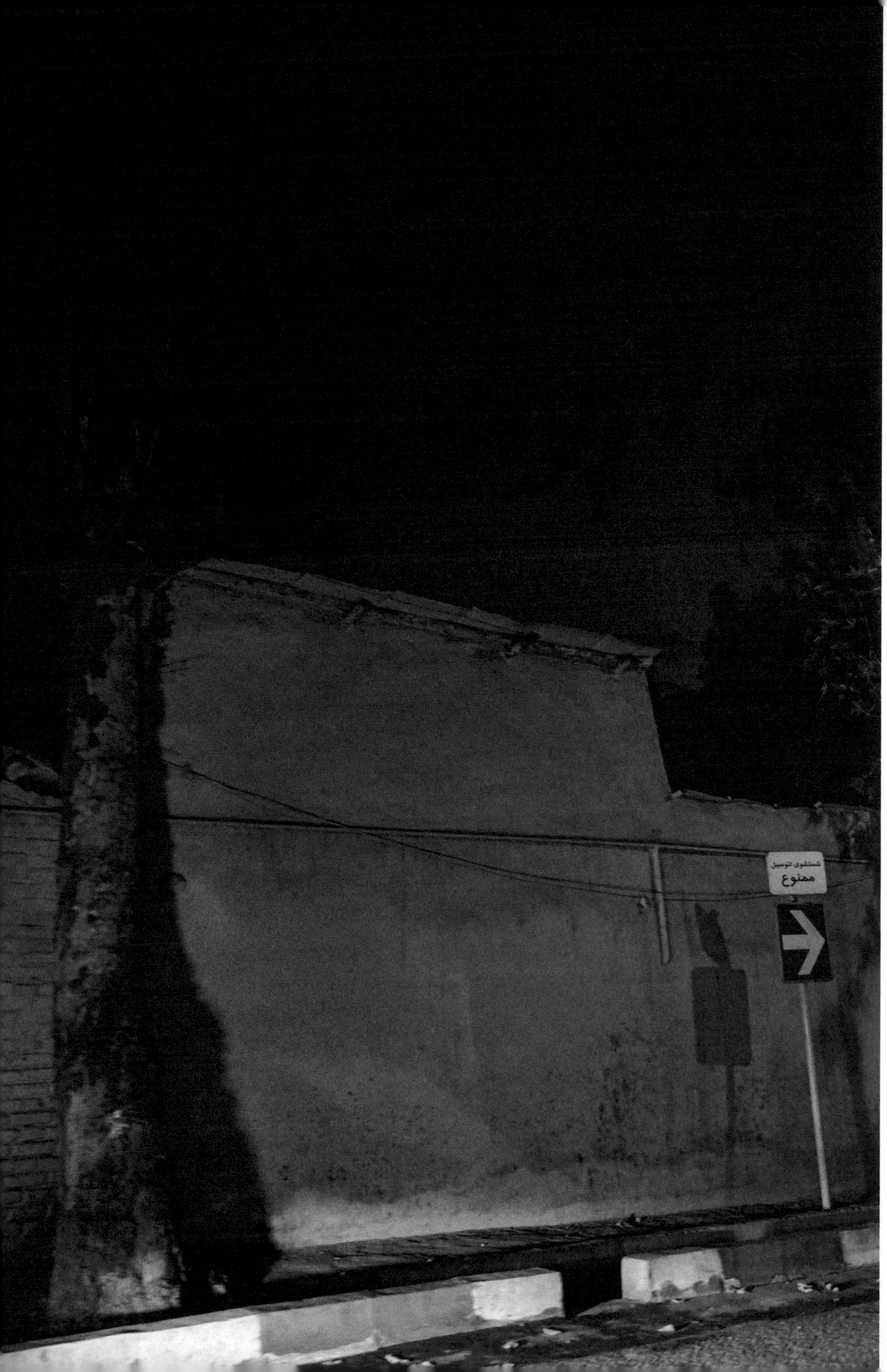
شستشوی اتومبیل
ممنوع

خیابان
صفای اصفهانی
Safaye Esfahani ST.
محمودیه

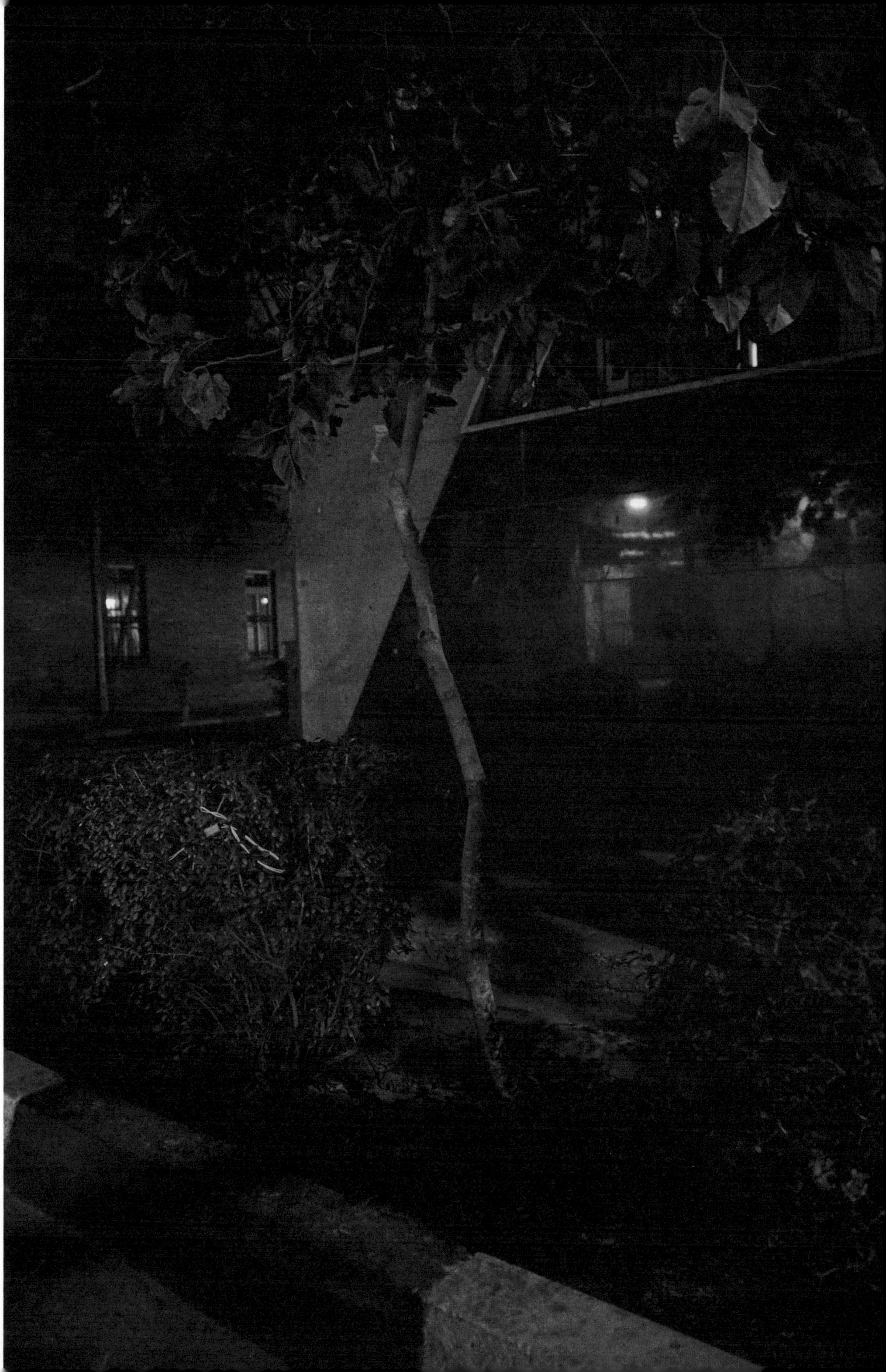

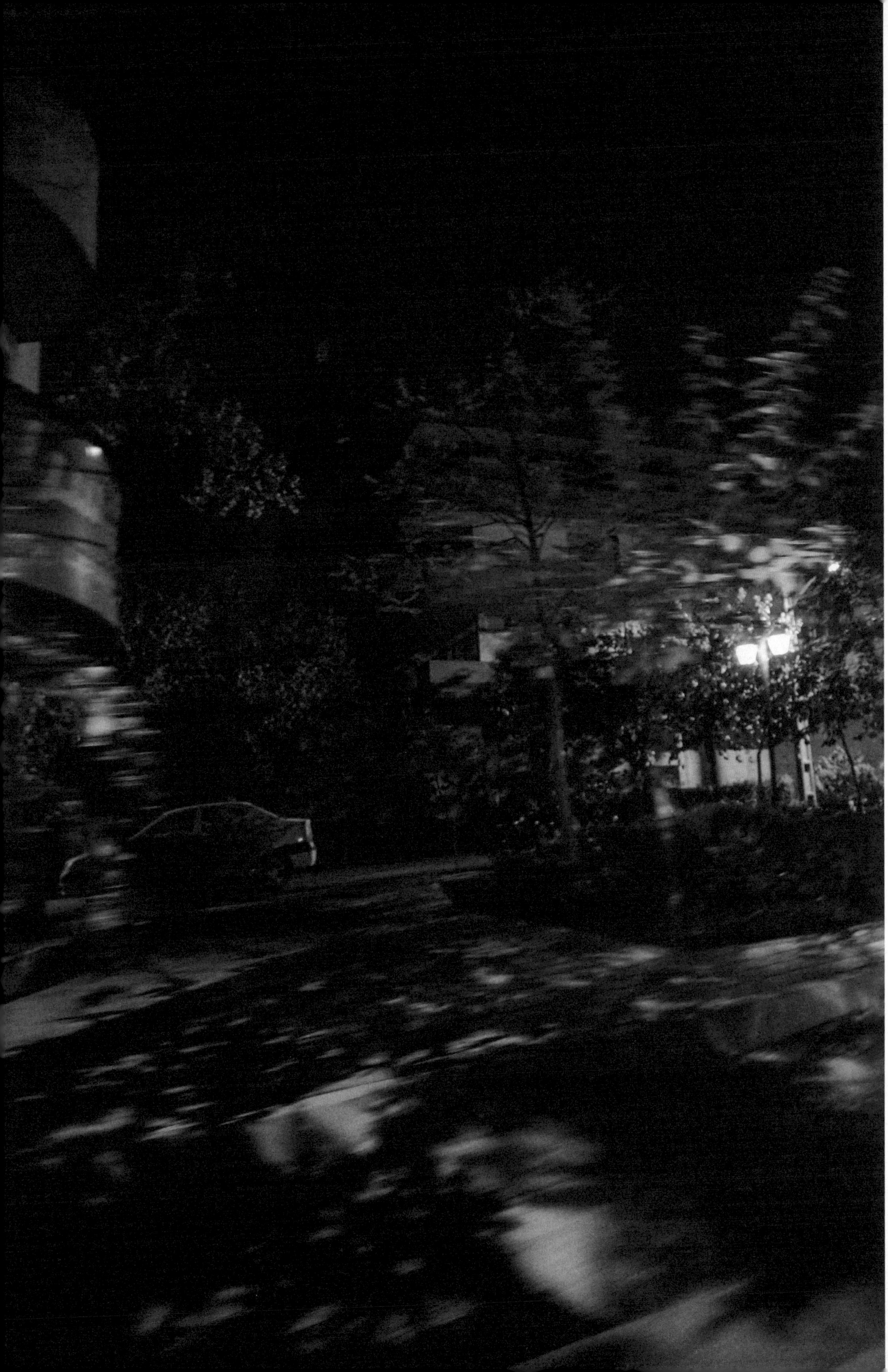

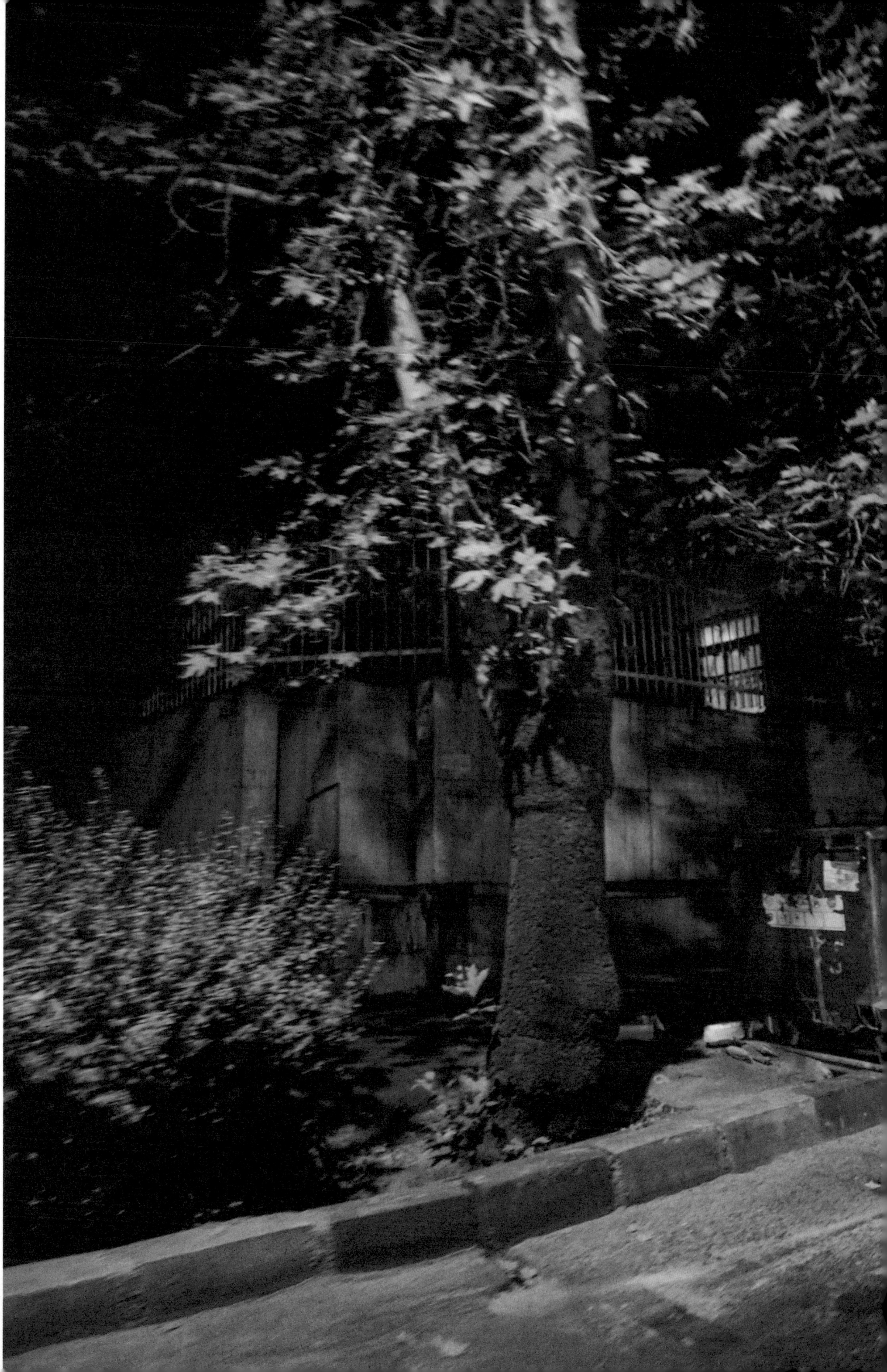

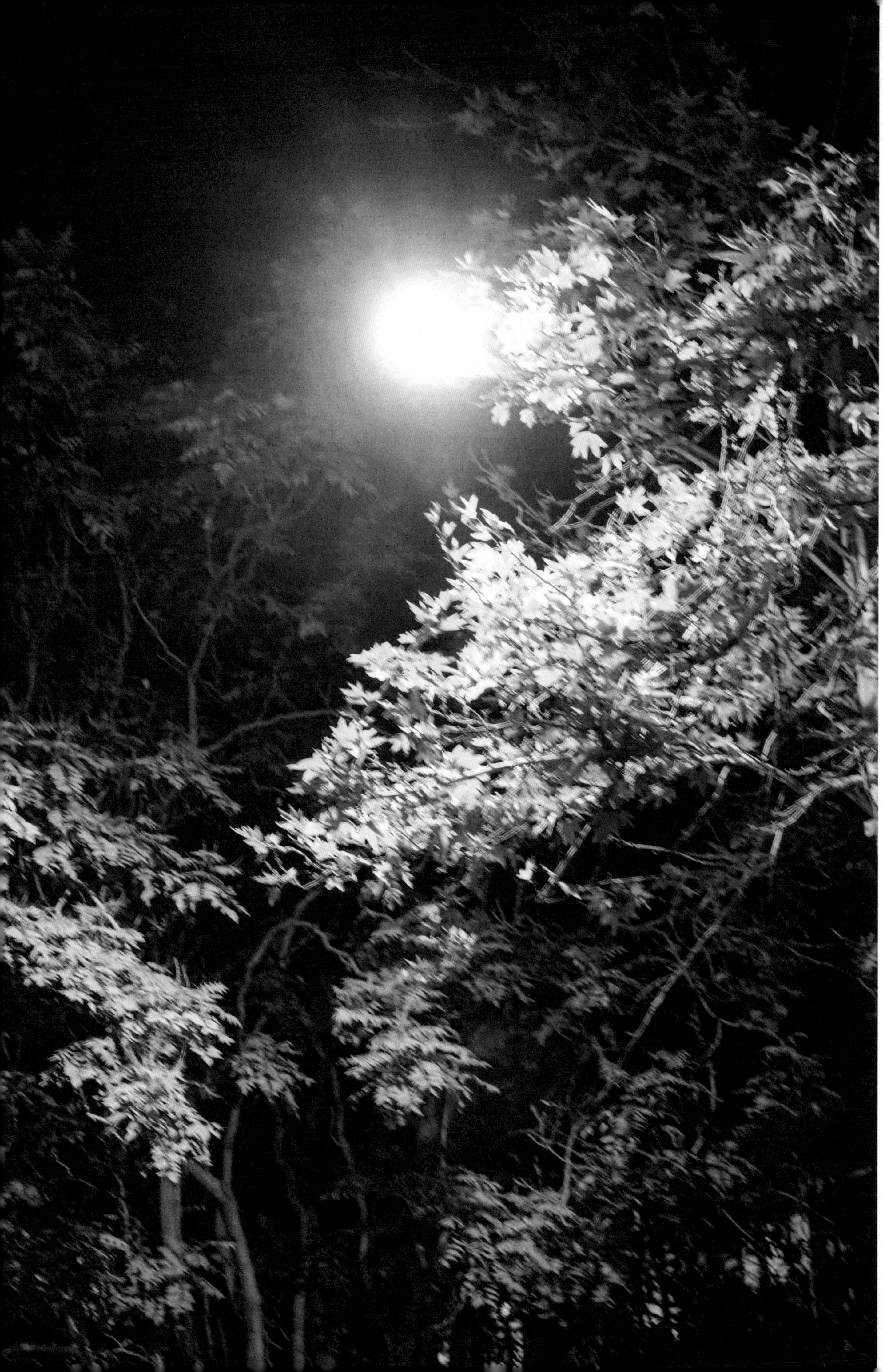

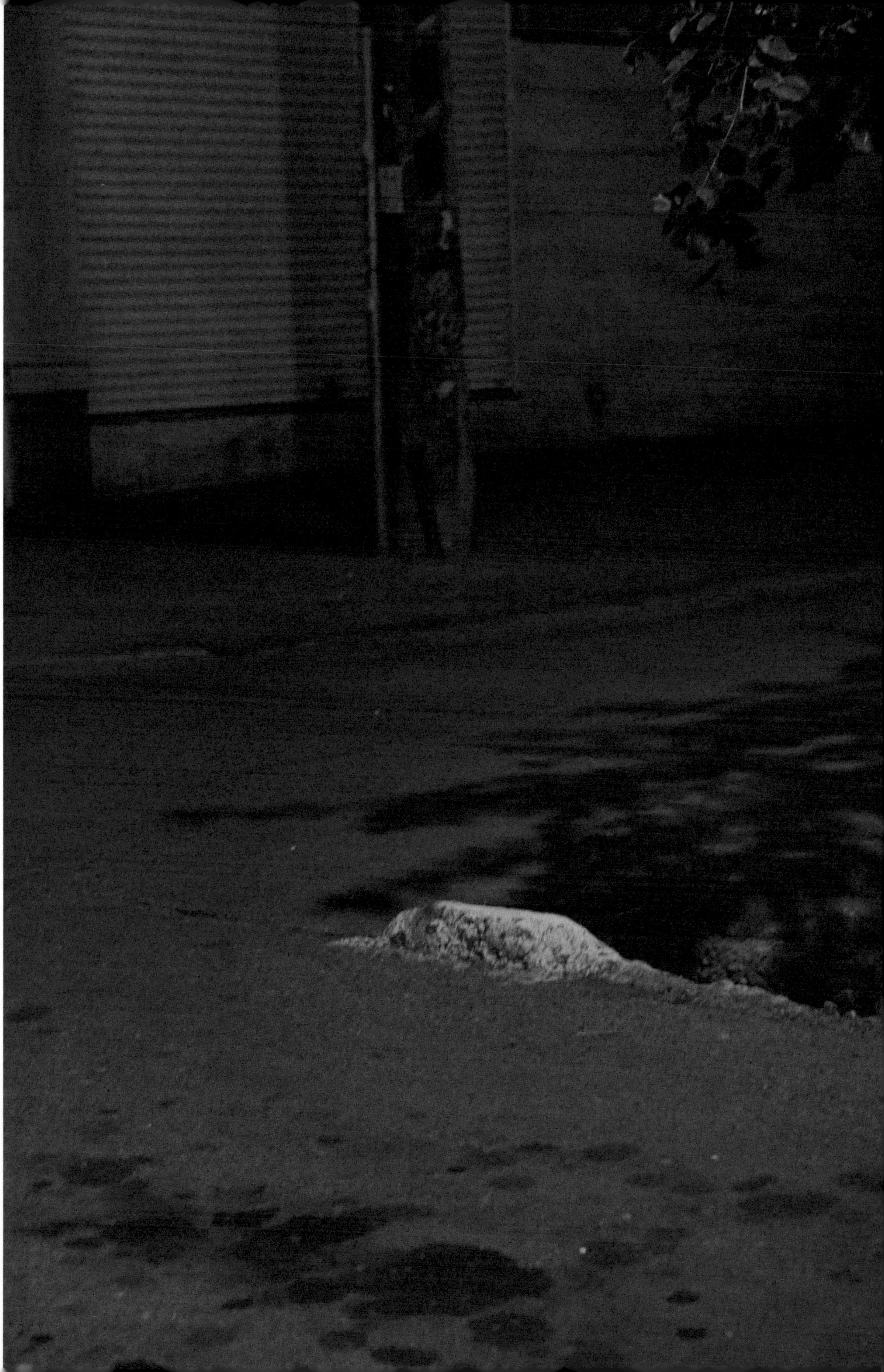

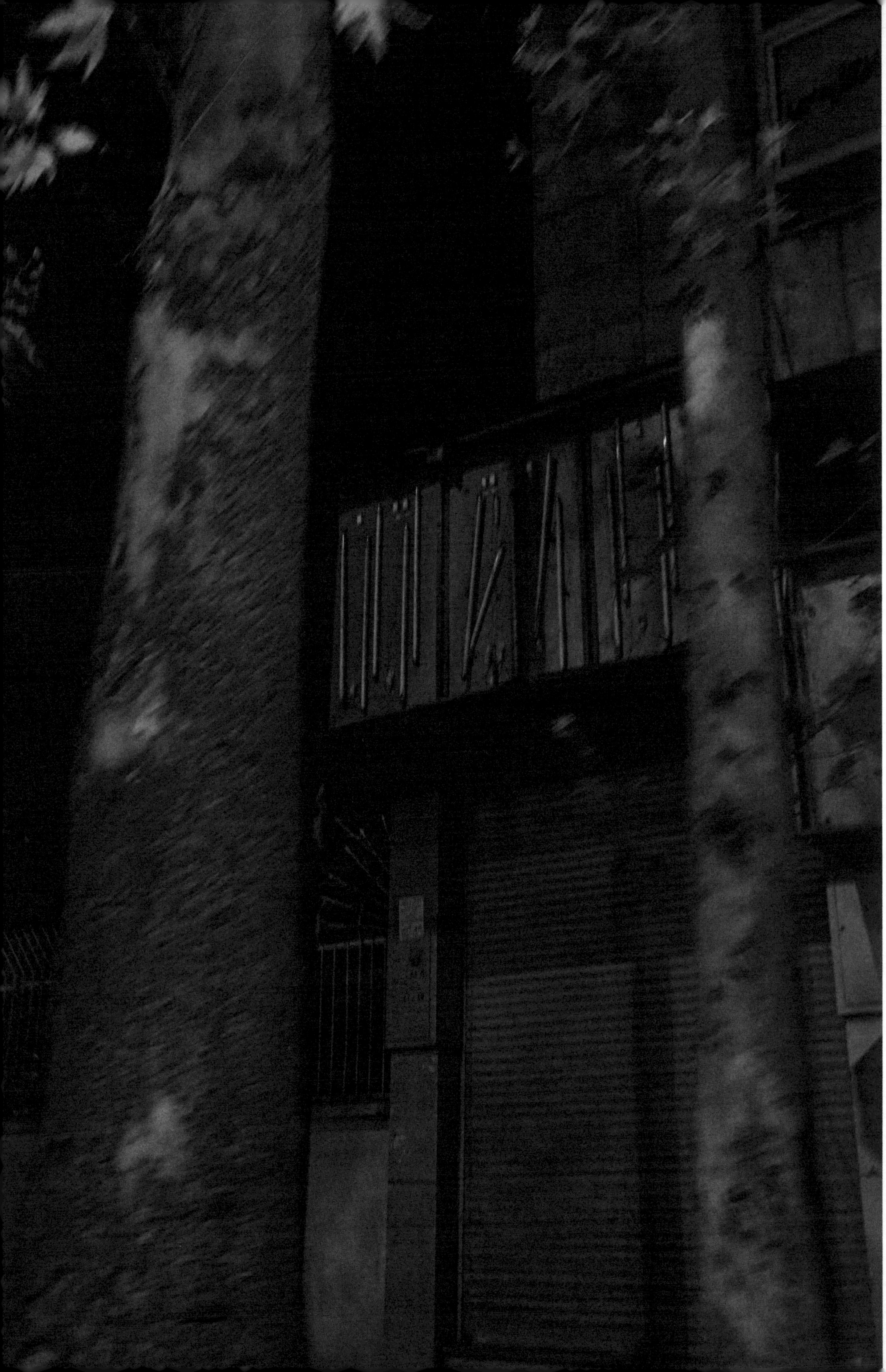

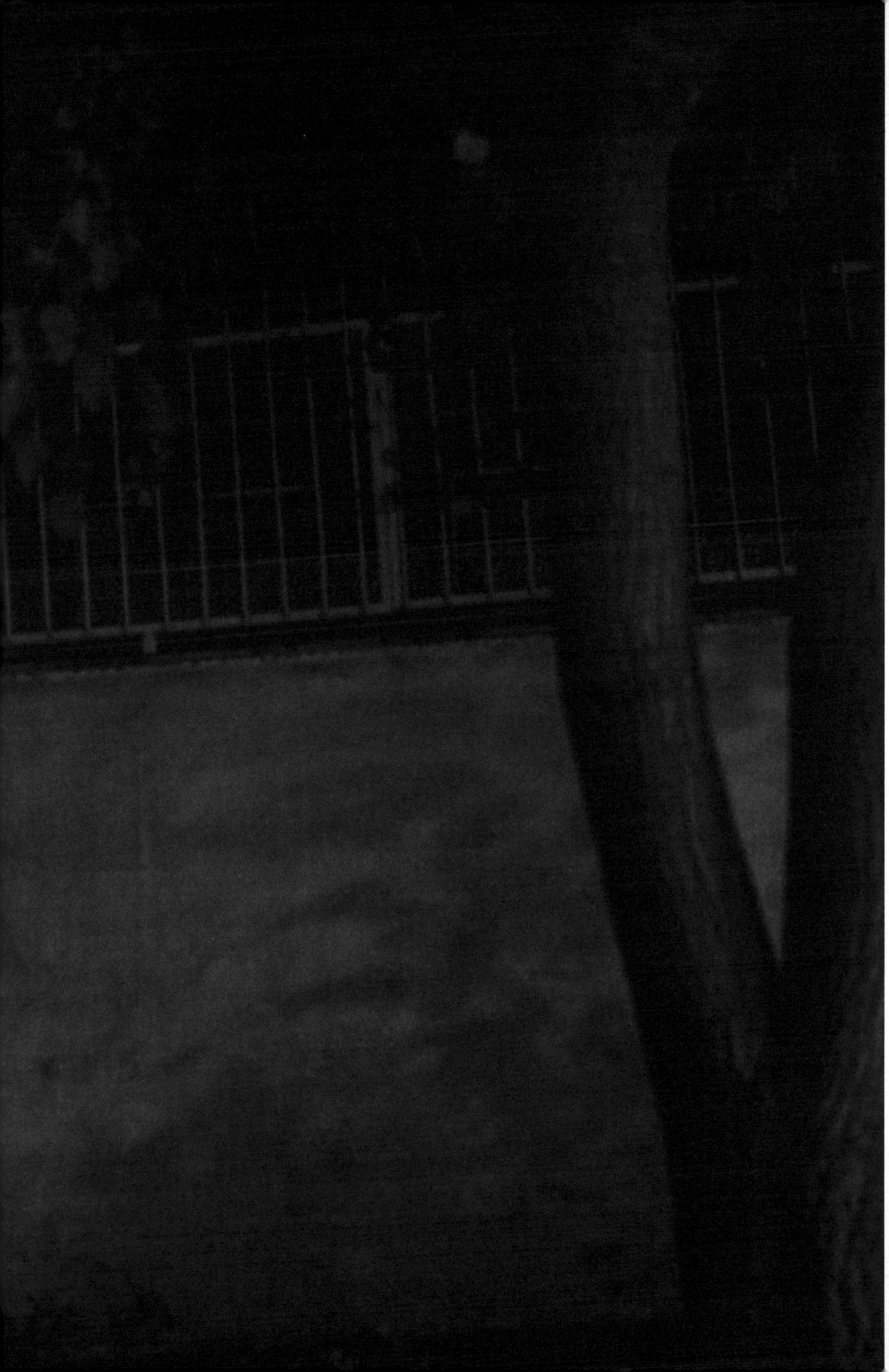

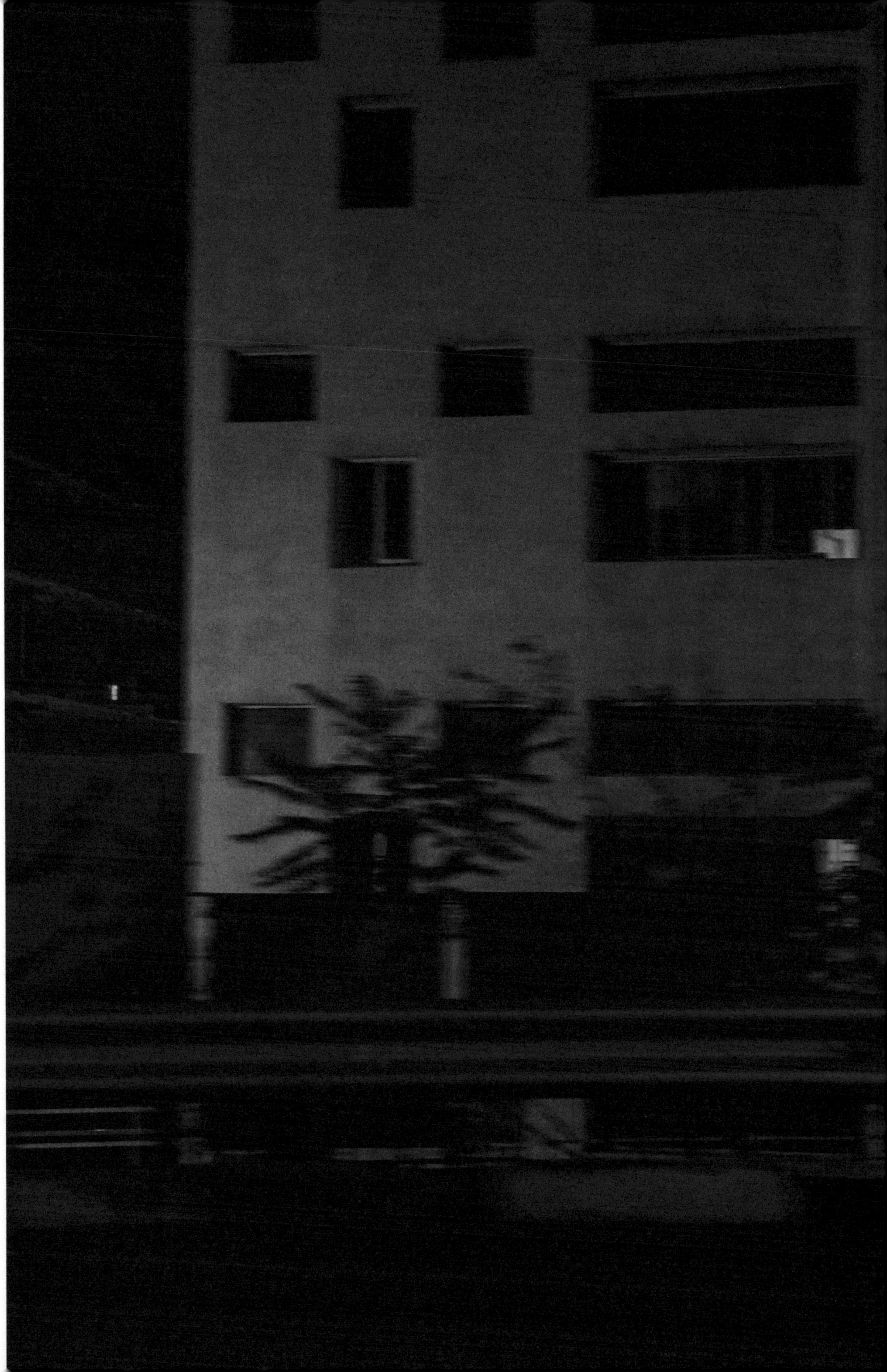

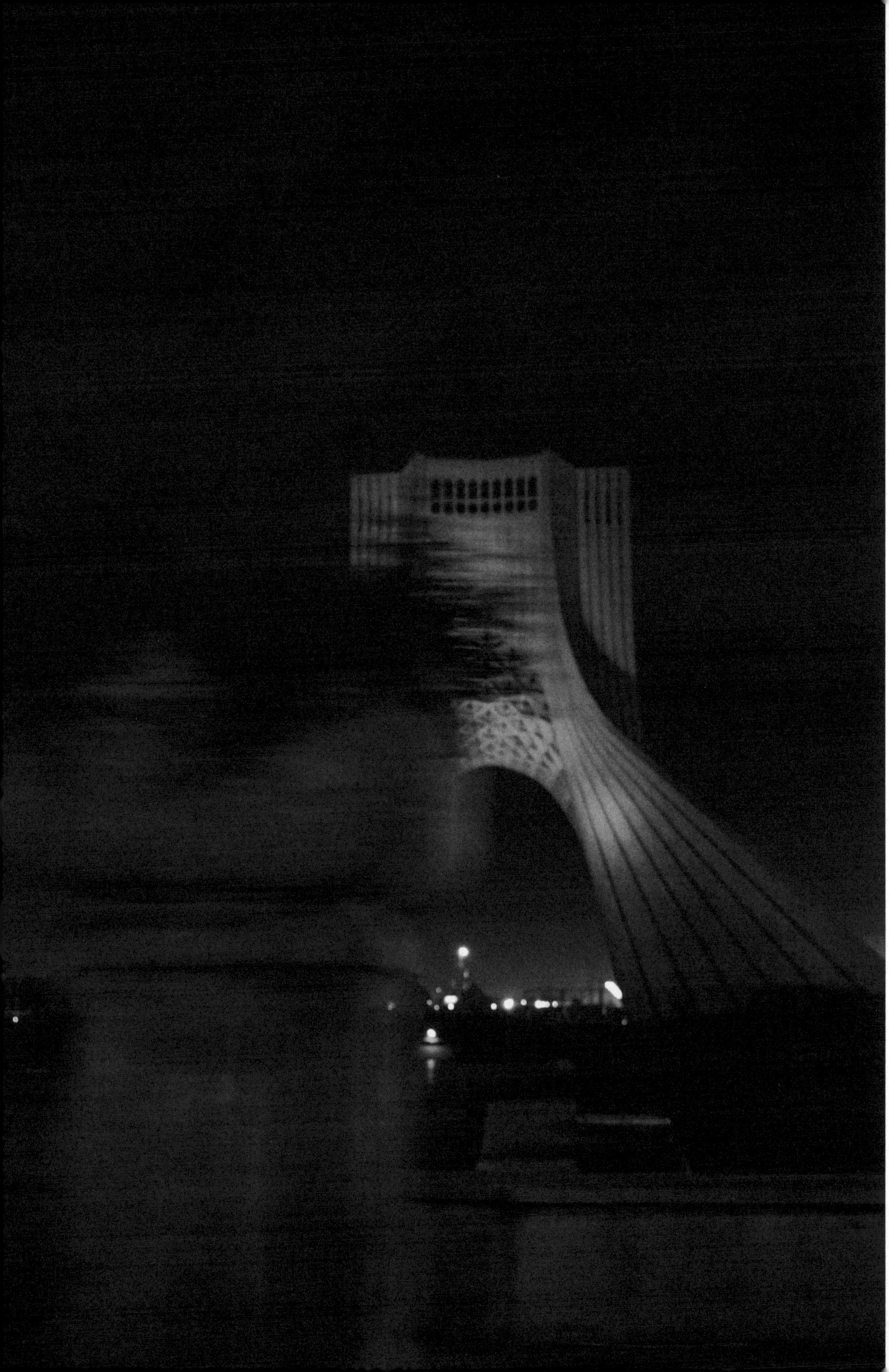